10대와 통하는

일하는 청소년의 권리 이야기

10대와 통하는 일하는 청소년의 권리 이야기

제1판 제1쇄 발행일 2015년 11월 13일
제1판 제8쇄 발행일 2022년 5월 1일

글 _ 이수정
그림 _ 홍윤표
기획 _ 책도둑(박정훈, 박정식, 김민호)
디자인 _ 이안 디자인
펴낸이 _ 김은지
펴낸곳 _ 철수와영희
등록번호 _ 제319-2005-42호
주소 _ 서울시 마포구 월드컵로 65, 302호(망원동, 양경회관)
전화 _ (02)332-0815
팩스 _ (02)6003-1958
전자우편 _ chulsu815@hanmail.net

ISBN 978-89-93463-86-6 43330

철수와영희 출판사는 '어린이' 철수와 영희, '어른' 철수와 영희에게
도움 되는 책을 펴내기 위해 노력하고 있습니다.

10대와 통하는

일하는 청소년의 권리 이야기

글 이수정 · 그림 홍윤표

철수와영희

여기, 청소년 노동자가 있다!

몇 년 전 어느 자율형 사립고에서 수능 시험을 마친 고3 학생을 대상으로 '일하면서 챙겨야 할 노동인권'이란 주제로 교육을 한 적이 있습니다. 300명 넘는 학생들을 강당에 모아 놓고 1시간 30분가량 진행했습니다.

처음 교육 요청을 받았을 땐 수능 이후 시간 때우기 식 대형 교육이 얼마나 효과가 있겠나 싶어 머뭇거렸습니다. 바쁜 일정을 핑계로 거절할까 생각도 했습니다. 그런데 곰곰 생각해 보니 학생들로서는 일하는 사람의 권리에 대해 처음 듣는 자리가 될 수도 있겠다는 생각이 들었습니다.

결국 요청을 수락하고 강의에 들어갔습니다. 우선 일한 경험이 있는 학생의 사례로 시작하며 관심을 끌기로 했습니다. '아르바이트'를 해 본 적이 있는 사람은 손을 들어 달라고 했습니다. 그런데 시간을 두고 기다려도 아무도 손을 들지 않더군요. 학교 특성상 진학 준비에 매진하느라 경험자가 없는 모양이라고 생각했습니다.

그런데 교육을 진행하는 동안 눈빛이 다른 몇 명이 눈에 들어왔습니다. 올해 최저 임금을 묻는 질문엔 입술이 움찔움찔하기도 했습니다. 교육을 마무리하면서 전화번호를 알려 줬더니 교문을 나서는 순간부터 문자 수신음이 울려 댔습니다. 일하면서 궁금했던 점을 묻고 싶은 문자들이었습니다. 그동안 겪었던 부당한 일에 대한 의문이 생긴 것 같아 반가웠습니다. 친구들과 선생님 앞에서 드러내고 싶지 않았던 마음이 느껴지는 순간이기도 했습니다.

"일은 왜 하려고?"

"아르바이트해서 번 돈으로 뭐 하려고?"

"용돈이나 벌려고 힘들게 일하느니 차라리 공부를 더 열심히 하는 게 낫지 않나?"

"권리나 주장할 줄 알지 책임감이 없어!"

"일하는 청소년이 얼마나 된다고 정부에서 전담 인력을 마련해!"

우리가 사는 사회에서는 일하는 청소년이 어떤 환경에 처해 있는지를 살피고 바꾸려는 노력은 뒷전이고, 이런 부당한 질문과 편견들만 넘칩니다. 일하는 청소년이 몇이나 있겠느냐고요? 편견 등의 여러가지 이유로 우리나라에서 그들은 자신을 드러내기 어렵습니다. 잘 눈에 뜨이지 않는다는 뜻입니다. 그렇다고 해서 '내가 보지 못했으니 없다'고 생각하는 게 옳을까요? 오히려 '보이진 않지만 어디에나 있다'고 생각하는 것이 맞지 않을까요?

제가 기회가 있을 때마다, 그리고 누구를 만나든 청소년/노동/인권을 이야기할 때 "여기, 청소년 노동자가 있다!" "일하는 청소년은 미래의 노동자가 아니라 현재를 사는 노동자다!"로 시작하는 이유입니다. 이 책도 마찬가지지요.

앞서 얘기한 그 학교에서 상담을 원한 사람은 학생뿐만이 아니었습니다. 교사들도 휴가 조건이나 일하다가 다친 가족에 대해 물었습니다. 저의 노동인권 교육이 법이 보장하는 노동자의 권리에 대해 처음 듣는 자리였던 것입니다. 그나마 이런 기회조차 얻지 못한 이들이 우리나라에는 매우 많습니다.

몇 년 사이 학교에서 청소년/노동/인권 교육이 늘어나고 있습니다. 공교육 과정에 없는 내용이다 보니 학교에 들어가 교육을 진행할 사람을 양성하는 과정도 늘어나고 있습니다. 그러나 정작 교육을 받아야 할 사업주는 빠져 있고 청소년이 교육의 주요 대상이라는 것도 문제지만, 기본적으로 청소년 노동에 대한 사회적 인식이 부족하기에 청소년의 노동 현실은 여전히 열악합니다. 청소년/노동/인권 교육을 진행하려는 분 중에는 청소년 노동자의 현실을 깨우치고 근로기준법을 알리려는 '선량한 어른'이 많습니다. 하지만 마음속에 '그래도 아직 청소년은……'이라는 편견이 남아 있다면 이는 연민에 그칠 수밖에 없습니다. 이 책이 청소년 노동이 곧 나의 문제라는 공감과 연대로 확장되는 계기가 되었으면 좋겠습니다.

그런 점에서 청소년 노동에 대한 감수성을 키우는 데 집중해야겠다는 생각을 합니다. 현행법이 미비한 데다 해석과 적용도 청소년에게 불리하게 이루어집니다. 그 배경에 이들을 대하는 우리 사회의 선입견과 편견이 있습니다. 법은 최저선을 정하고 있지만 근로기준법의 경우 5인 미만 사업장에 적용되지 않는 내용들이 많습니다. 모든 사업장으로 적용이 확대되지 않는다면 청소년을 비롯한 고령 여성 노동자, 청년 인턴, 외국인 노동자 등 취약층에 와 닿기 어려운 것이 현실입니다. 법에 보장된 권리를 찾겠다고 나섰다가 외려 일자리를 잃거나 '싸가지 없이 권리만 찾는' 청소년으로 낙인찍히기 십상입니다. 노동법과 현실의 온도 차이는 생각하는 것보다 큽니다. 부당한 대우를 받더라도 웬만하면 넘어가고 법은 마지막 수단으로 남겨 두어야 한다는 생각이 들 정도입니다. 제가 법 중심으로 이야기를 풀어 나가는 데 주저

했던 이유입니다. 그럼에도 이 책에서 법을 강조하게 된 것은 청소년뿐만 아니라 일하면서 가졌던 의문점들을 제대로 풀지 못하는 다른 많은 사람들을 염두에 두었기 때문입니다. 다양한 노동 현실에 처한 이들을 아우를 수 있는 것은 노동법이라고 생각했습니다. 당장 나와 상관없어 보여도 일하는 사람들의 권리를 보장하기 위해 노동법에서 정해 놓은 최저 기준을 아는 것은 중요합니다.

이 책을 통해 노동자의 입장에서 현행법을 해석하는 한편, 법과 현실의 괴리를 생생하게 보여 주고자 했습니다. 그렇기에 청소년/노동/인권이란 이름으로 조사하고 교육하면서 만난 사람들, 특히 일하는 청소년이 들려준 이야기에 많은 빚을 지고 있습니다. 읽다 보면 앞서 이야기와 연관하여 반복되는 부분이 더러 있을 것입니다. 하나의 사례에 여러 문제가 얽혀 있는 경우가 많기 때문입니다. 부족하나마 이것들을 하나하나 짚어 보고자 했습니다.

무엇보다도 저는 '법 제도를 넘어서는 변화'를 강조하고 싶습니다. 우리 법 제도의 허점이 무엇인지 깊이 고민하고 이를 통해 새로운 실천이 시작되길 바라기 때문입니다. 내가 이렇게 일할 수밖에 없는 이유, 나의 노동을 비하하거나 부정하는 이유를 함께 짚어 보고 현실을 바꿔 나가는 계기가 되었으면 합니다. 또한 우리와 일하는 청소년이 어떻게 연결되어 있는지를 알 수 있다면 더욱 좋겠습니다. 우리는 모두가 일하는 사람들입니다. 그렇기에 서로 각자의 노동인권을 침해할 수도 있지만, 함께 지킬 수도 있습니다. 이 책이 후자를 향하는 하나의 길이 되길 바랍니다. 그리고 더 많은 길을 찾아 나설 출발점이 되기를 바랍니다.

이수정 드림

차 례

01 청소년 노동인권 나무를 키워 볼까?

안녕하세요.

이 글을 읽는 청소년 중에 아르바이트를 해 봤거나 지금도 하고 있는 친구들이 있을 거예요. 지금부터 '알바'[1]라고 불리는 청소년 노동에 대해 이야기하고자 합니다. 일하는 청소년이 조금은 특별한 존재처럼 느껴진다고요? 하지만 조금만 관심을 가지고 주변을 둘러보세요. 우리가 자주 가는 패스트푸드점에서 일하는 사람들, 햄버거를 만들고 피자를 배달하거나 편의점에서 계산하는 사람들, 식당, 주유소, 마트, 웨딩홀에서 서비스를 제공하는 이들 중 많은 수가 청소년 노동자라는 사실을 금세 알아차리게 될 거예요.

청소년과 노동

우리 사회는 일하는 청소년에 대해 잘 모릅니다. 신문이나 방송 같은 데도

1) 직업이 아닌 임시로 하는 일을 뜻하는 독일어 '아르바이트'(arbeit)의 줄임말입니다. 청소년 노동을 임시적이고 일회적인 것으로 폄하하는 표현이 되기도 하고, 표준어는 아니지만 널리 쓰이는 말입니다. 이 글에서도 청소년 노동 혹은 '알바'로 표기하겠습니다.

잘 안 나올 뿐만 아니라 다루더라도 조금 특별하게 취급되는 것 같습니다. 그래서 보통 우리는 일하는 청소년의 수가 적을 것으로 생각해요.

2006년 국제노동기구(ILO)에서 발표한 '세계 청소년 고용 동향 보고서'에 따르면 15~24세의 연령 집단이 세계 인구의 약 5분의 1을 차지한다고 합니다. 이 중 절반 이상인 6억 3300만 명이 적극적으로 노동 시장에 참여해 일하고 있습니다. 그런데 이들의 노동 상황은 열악하기 그지없습니다. 실업률은 25세 이상보다 3배 가까이 되고 1억 2500만 명이 하루 1달러도 안 되는 돈으로 생활하는 빈곤층이라고 합니다.

우리나라는 어떨까요? 2007년 국가 청소년 위원회 조사 결과 15~19세 청소년의 알바 경험률은 21%였습니다. 2009년 보건복지부에서 발간한『아동 청소년 백서』에 따르면 15~19세 청소년 329만 4000명 중 경험률이 19.3%라고 하니까 약 60~70만 명의 청소년이 일을 했거나 하고 있다고 추정할 수 있지요.

2010년 3월, 국가인권위원회(인권위)에서 '노동인권의 최저 지대에 놓인 청소년에 대한 보호 필요'라는 제목으로 노동부 장관과 교육과학기술부 장관에게 관련 법령과 정책 개선을 권고한 일이 있습니다. 이 권고안에 따르면 15~19세 청소년 중 6.5%인 21만 3000명이 일하는 것(2009년 8월 기준)으로 나타났습니다. 그중 63.7%에 해당하는 13만 5000명이 법정 최저 임금(2009년 시급 4000원)보다 낮은 임금을 받으며 일했다고 합니다.

이런 통계를 통해 알 수 있는 것은 일하는 청소년은 이미 우리 주변에서 쉽게 만날 수 있는 존재가 되었다는 사실입니다. 지금까지 만나 본 청소년 중에는 학업과 알바를 병행하는 이도 있었고, 몇 개의 알바를 동시에 하는 이도 있었습니다. 그런데 우리 사회는 이들이 어떻게 일하는지 관심은 없고

훈계만 늘어놓습니다. "학생은 공부가 우선"이라거나 "학교에 안 다니는 애들이나 알바를 한다"는 식이지요. 알바를 대수롭지 않은 문제, 극히 일부의 문제로 보는 시선이야말로 청소년 노동에 대한 대표적인 편견입니다. 하지만 통계는 그것이 사실이 아님을 보여 줍니다. 일하는 청소년을 '없는 존재'로 보거나 청소년 노동을 '비정상적인 일탈 행위'로 치부하는 일은 이제 그만 했으면 합니다. 지금, 여기 이렇게 많은 청소년이 다양한 곳에서 일하고 있다는 사실을 알았다면 말입니다.

청소년 노동은 용돈 벌이?

"돈 벌어서 사치품이나 사려고 한다." 이것은 청소년 노동에 대한 또 다른 편견이자 오해입니다.

2008년 청소년노동인권네트워크(http://cafe.daum.net/nodongzzang)에서 실태 조사를 한 적이 있습니다. 청소년이 임금을 어디에 사용하는지, 일을 그만두면 무엇이 가장 걱정되는지를 물었습니다. 조사 결과 다양한 용도로 임금이 쓰이고 있다는 것이 밝혀졌습니다. 당장 일을 그만두면 생활에 불편함이 생기는 친구도 많았고요.

우리나라는 국민 기초생활 보장법에 따라 3년에 한 번씩 4인 가구 최저 생계비[2]를 조사합니다. '최저 생계비 계측 조사'라고 하는데요, 항목은 식료품비(외식 포함), 교통·통신비, 문화비, 오락비, 의료비, 교육비, 피복비 등입니다. 2008년 실태 조사에서 일하는 청소년들이 지출하는 항목을 보니 외식비, 핸드폰 구입이나 요금 납부, 책값, 학원비, 영화 관람 등으로 일반 국민들이 지출하는 것과 비교해서 차이가 없었습니다.

일하는 청소년의 이야기를 직접 들어 볼까요?

> **가람**(가명): 집 형편도 안 좋고요. 용돈 받을 때마다 엄마랑 막 싸우고 그래서……. 옷이나 사고 싶은 거 제대로 사지 못해서 마음 아프고……. 월급 한 70(만 원) 정도 받는다 하면 20은 엄마 드리고 나머지 절반은 통장에 넣어 놓고 나머지는 쓰고 싶은 데 쓰려고 생각하고 있어요. (남, 18세, 치킨집)

> **민희**(가명): 40만 원 정도 받으면요. 10만 원은 저금통장, 10만 원은 핸드폰 요금 내고 제 용돈으로 써요. 나머지 20만 원으로 필요한 게 있으면 사고,

2) 2015년 7월부터 저소득층을 지원할 때의 기준이 '최저 생세비'에서 '중위 소득'으로 바뀌었습니다. 중위 소득이란 우리나라 모든 가구를 소득 순서대로 줄 세웠을 때 정확히 중간에 있는 가구의 소득입니다. 저소득층 선정 기준이 최저 생계비일 때는 기초생활 보장 급여의 모든 항목(생계, 의료, 주거, 교육)에 이 기준을 일괄적으로 적용했습니다. 저소득층 기준이 150만 원이었다면 이 기준 이하인 경우 급여 항목 전부를 지원받았습니다. 그러나 선정 기준이 중위 소득으로 바뀌면서 각 항목별로 지원 기준이 달라집니다. 2022년 기준 생계 급여는 중위 소득의 30%, 의료 급여는 중위 소득의 40% 이하, 주거 급여는 중위 소득의 46% 이하, 교육 급여는 중위 소득의 50% 이하 등으로 각각 달라져 소득 수준에 따라 일부 급여는 지원되고, 일부 급여는 지원이 안 되는 경우가 생깁니다.

남는 건 체크카드에 넣어 둬요. 뭐가 언제 필요할지 모르니까. 지금은 이곳에서 지원받으면서 사니까 빠듯하지는 않고 좀 여유롭다고 생각하는데, 이제 내년이면 자립을 해야 될 나이예요. 월세도 내가 내야 하고 전기세, 수도세도 내가 내야 하는 거니까 빡빡하지요. (여, 19세, 주유소)

세현(가명): 알바하는 동안엔 용돈을 안 받았어요. 엄마가 취직을 했었는데 잘렸고, 엄마 아빠한테 부담을 계속 지우기도 싫었고……. 제가 착취당하는 것도 좋지는 않은데 엄마한테 계속 돈을 달라고 하는 건 좀 아니잖아요. (여, 19세, 패스트푸드점)

가람, 민희, 세현의 경우처럼 청소년들은 생계에 필요한 비용을 가계에서 감당하지 못할 때, 그 비용을 스스로 벌어서 사용하고 있었어요. 일하는 청소년 중 많은 이들이 비슷한 상황에 놓여 있다는 걸 잊지 않았으면 합니다. 일하는 어른한테는 "명품 가방 사려고 일하는 거죠?" "여행 경비 마련하려고 그러나요?"이러지 않습니다. 이런 질문이야말로 일하는 이유나 목적을 깎아내리거나 그 가치를 훼손하는 일이니까요. 그런데 유독 일하는 청소년에게는 거리낌 없이 이런 질문들을 합니다. 참 부당하지요?

청소년 알바를 온전한 노동으로 보지 않기 때문입니다. 먹고살려고 하는 게 아니라 소비를 위한 가욋일로 생각하는 것이에요. 이런 오해와 편견 때문에 청소년의 노동이 쉽게 평가 절하되는 것 같습니다. 당연히 보장해야 할 조건을 고려하지 않거나 저임금을 당연시하는 이유도 이런 생각들에서 비롯되는 것 같습니다. 부당한 대우를 받으며 일하는 청소년의 권리를 보장하려면 청소년 노동에 대한 개념부터 제대로 세워야 하지 않을까요.

알바? 학생? 노동자!

우리나라에는 노동자의 권리를 보장하기 위해 마련한 '근로기준법'이 있습니다. 이 법에서 정하고 있는, 일할 수 있는 나이는 만 15세 이상입니다. 만 15세 미만인 청소년이 일을 하려면 노동부 장관이 발급하는 '취직 인허증'이 있어야 합니다. 만 18세 미만인 경우에는 '연소자 증명서'라는 것이 필요한데 나이를 증명하는 '가족 관계 기록 사항에 관한 증명서'와 '친권자 또는 후견인의 동의서'가 여기에 해당합니다.

만 15세 이상이거나 이하라도 법이 정한 요건을 충족시켰다면 누구든 근로기준법의 보호를 받습니다. 나이가 적든 많든, 학생이든 아니든, '알바'든 정규직이든, 일하는 목적과 상관없이, 일하는 동안 청소년은 이 법에서 정한 권리를 보장받을 수 있는 '노동자'입니다.

청소년이 일할 수 있는 나이와 조건을 법으로 정한 이유는 강제 노동을 막고, 이들의 권리를 보장하려는 것입니다. 그런데 현실에서는 일자리를 구하는 데 방해가 되거나 일할 때 걸리적거리는 짐쯤으로 취급당합니다. 집과 학교를 나와 생활하는 청소년이라면 누구보다도 더욱 일자리가 필요할 텐데, 각종 증명서 때문에 기회가 제한된다면 더 힘들고 위험하더라도 이런 것들을 요구하지 않는 일자리를 찾을 수밖에 없습니다. 하지만 현실적으로 법이 제 기능을 발휘하지 못한다고 해서 이를 무시하면 정말 필요할 때 권리를 보장받기 어렵습니다. 현실적으로 어쩔 수 없이 법 기준을 충족시키지 않는 일자리에서 일한다고 해도, 최소한 나의 권리에 대해서는 알고 있어야 해요. 일하는 청소년들에게 근로기준법은 매우 중요합니다.

여기서도 근로기준법을 자주 다루게 될 것입니다. 그래서 몇 가지 일러둘 말이 있습니다. 우리나라에는 모든 법의 기본이 되는 헌법이 있습니다. 헌법

제32조 제3항에는 "근로 조건의 기준은 인간의 존엄성을 보장하도록 법률로 정한다"고 규정되어 있습니다. 여기에 해당하는 법률이 바로 근로기준법입니다.

근로기준법에서 정하는 내용은 노동 조건에 대한 '최저의 기준'입니다. 이 법에 정한 기준보다 더 좋은 조건을 정하는 것은 유효하지만, 미달하는 내용을 정한다면 그 부분은 무효라는 이야기입니다. 이를 법의 기준에 맞게 고쳐야 한다는 것이지요. 좀 더 구체적으로 이야기해 볼까요?

노동인권의 시작 '근로계약서'

고등학생들과 함께 청소년 노동인권을 주제로 '도전 골든벨'을 진행한 적이 있습니다. "일하기 전에 반드시 작성해야 하는 것으로, 일하는 조건을 정하는 것은 무엇일까요?"라고 물었더니 "노예 계약서"라고 답한 학생이 있었습니다. 일하는 청소년들이 최저 임금보다 못한 임금을 받으며 '헐값 노동'을 하고 있기 때문이겠지요. 또, 나이가 어리다는 이유로 정당한 이유 없이 폭언·폭행에 시달리고 일하다 다쳐도 바로 대응하기 어려운 현실, 보호 장구 없이 일하다가 사고를 당하고 성희롱에 무방비로 노출된 현실을 생각하면 정말 딱 들어맞는 표현 같기도 하지요? 하지만 답은 '근로계약서'입니다.

일자리를 찾을 때 '알바○○' 같은 중개 사이트를 이용해 본 사람이라면 구인 업체가 제공하는 정보가 얼마나 빈약한지 잘 알고 있을 겁니다. 일을 구하는 사람 입장에서 궁금한 점이 자세히 나오지 않은 경우가 많거든요. 일의 종류, 시간과 기간, 임금, 임금 외 수당, 쉬는 날 등 다른 일자리와 비교할 때 기준이 되는 중요한 정보인데도 구인 광고만으로는 도무지 알 수가 없습니다. 뭔가 숨기고 싶은 게 있나 싶어 의심이 가지만 일자리가 없으니 꼬치

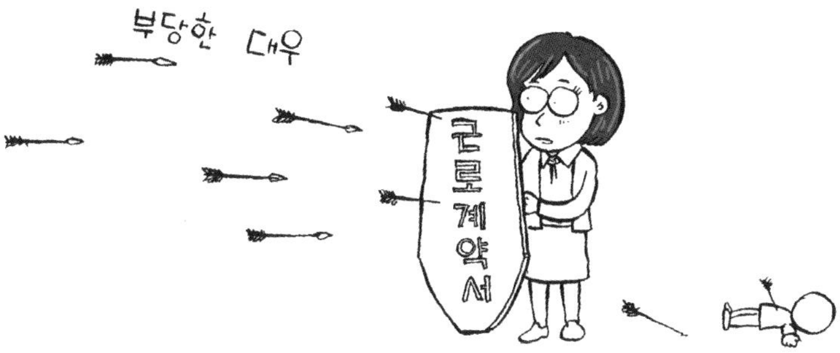

꼬치 캐물을 수도 없어 답답할 때가 많습니다. 나중에 딴소리할까 불안하기도 하고요. 그럴 때 필요한 것이 바로 근로계약서입니다. '불친절한' 구인 광고를 보고 찾아갔다면 일단 계약서를 작성하세요. 그러고 나서 일을 시작하는 것이 무엇보다 안전합니다.

오토바이 배달 일을 했던 A는 근로계약서 같은 건 보지도 못했다고 합니다. 오토바이 면허증을 보여 주자 바로 일을 시작할 수 있었다고 하네요. 전화번호 확인이랑 보호자 동의는 전화 통화 한 번으로 끝났고요. 법에 정한 근로계약서는 쓴 적도 들은 적도 없습니다. 이런 경우는 상당히 많아요.

근로계약서 없이 일을 시작한 경우에는 여러 가지 문제가 생길 수 있습니다. 예를 들어 약속한 것보다 낮은 임금을 받는다거나 더 많은 시간을 일하게 되어도 사업주를 상대로 문제 제기하기가 쉽지 않습니다. '증거'가 없기 때문이에요. 일하기 전에 조건을 정하고 이를 근로계약서에 써서 각각 한 부씩 나눠 보관했다면 사업주가 말을 바꾸기 쉽지 않았을 텐데 말이지요. 하지만 이것은 청소년의 잘못이 아닙니다. 우리 법은 사업주가 일하는 청소년은 물론 모든 노동자에게 일하기 전에 반드시 근로계약서를 문서 형태(서면)

로 작성하고 나눠 줘야 한다고 정하고 있습니다. 짧은 기간 일하는 노동자들이 갈수록 늘어나면서, 근로계약서는 이들과 사업주가 맺은 노동 조건을 판단하는 매우 중요한 문서가 되고 있습니다.

근로계약서에는 일하는 기간, 시간, 임금(지급일과 지급 방법 포함), 휴일, 쉬는 시간에 관한 내용을 정하게 되어 있습니다. 그러니까 근로계약서는 노동 조건에 대한 사업주와 노동자의 약속인 셈이에요. 이를 어겼을 때 고치라고 요구할 수 있는 중요한 법적 근거인 것이지요.

가끔 근로계약서 대신 멋대로 작성한 '서약서'를 내미는 곳이 있습니다. 법적 효력이 없는 것은 물론 그 내용이 근로기준법에 미달한다면 무효입니다. 예를 들어 "일을 그만두려면 반드시 다음에 일할 사람을 구해 놓아야 한다"거나 "지각이나 조퇴를 하면 그날 임금은 깎는다." "물품을 먹거나 가지고 갔을 경우 물품 가격의 30배를 배상한다." 이런 내용이 적힌 문서라면 상대가 동의했다고 하더라도 무효입니다.

우리 권리는 우리 스스로

근로기준법에서는 다양한 권리를 보장하고 있습니다. 근로계약서는 이를 위한 중요한 근거이고요. 하지만 현실에서는 법이 잘 지켜지지가 않습니다. 사회적 약자에게 법은 늘 멀리 있지요. 노동자 스스로 권리를 찾고 키워 나가는 수밖에 없습니다.

'2008 청소년 인권 선언'에 이런 내용이 나옵니다. "청소년 노동자라는 이유로 무시하고 차별하는 것은 부당하다." "노동을 하는 청소년은 안전하고 좋은 노동환경에서 적절한 임금과 복지 혜택을 받을 권리가 있고, 착취를 당하지 않아야 한다." "청소년에게는 노동 조건을 바꾸기 위해 행동할 권리가 있고, 이런 행동 때문에 불이익을 당해선 안 된다."

청소년들 스스로 인권 선언의 내용과 가치가 잘 지켜질 수 있도록 모임을 꾸리기도 했습니다. 예컨대 2010년에 활발하게 활동한 '알리바바'라는 모임이 있습니다. 이 모임에서는 일하는 청소년들의 실태를 조사하는 한편 한 달에 한 번 거리에 나가 일하는 청소년들과 만나는 직접 행동을 하기도 하고 노동절(매년 5월 1일) 행사에 참여하기도 했습니다. 알리바바는 '알바 권리, 바로 내가! 바로 지금!'의 줄임 말이라고 합니다.

이러한 활동의 가장 큰 목적은 또래와 경험을 나누면서 스스로 권리를 지켜 낼 힘을 기르는 것이었습니다. 부당한 노동인권 침해 사실에 대해 상담도 해 주고 구체적인 대안을 찾아 주기도 했지요.

예를 들어 못 받은 임금을 받을 법적 절차나 근로계약서를 꺼리는 사업주에게 계약서 받아 내는 비법(?) 등을 공유했습니다. 청소년이 먼저 무언가를 요구하기가 어려운 게 현실이니까요. 근로계약서 작성 요구로 어렵게 구한 일자리에서 잘릴까 두렵습니다. 그럴 때는 부모님이나 선생님 핑계를 대는 것이 좋다고 합니다. "부모님이 동의서를 써 주면서 근로계약서를 가져오라고 했다"거나 "일하는 시간에 맞춰 수업을 끝내고 오려면 선생님께 근로계약서를 제출해야 한다"는 식으로 말하면 사업주도 거절하기 어렵다는 것입니다. 만약에 그렇게까지 이야기했는데도 꺼린다면, 근로계약서를 고집하다가 일자리를 잃기보다는 일단 일을 하면서 구인 광고에 적힌 내용과 실제 노동 조건을 꼼꼼하게 메모해 놓는 게 좋다, 그러면 나중에 도움이 된다는 것도 이들이 말하는 '비법' 중 하나입니다.

알리바바는 현재 활동을 중지했지만 몇 년 사이 비슷한 모임이 많이 생겼습니다. '청소년유니온'도 그중 하나입니다. 청소년유니온은 유엔이 정한 청소년 범위에 해당하는 만 15세부터 24세 미만 청소년이면 누구나 가입할 수 있는 노동조합입니다.

청소년유니온은 설립 목적에 대해 "청소년의 노동인권을 말할 수 있는 공간의 필요성을 절감해서"라고 밝히고 있습니다. 이곳에서 일을 하거나 일을 찾고 있는 청소년이 모여 청소년 노동인권을 지키기 위한 활동을 하고 있습니다. '유니온'이란 말은 노동자들이 노동자의 권리를 찾고 지키고 위해 자율적으로 활동하는 노동조합을 뜻합니다.

이렇게 청소년 스스로 다양한 활동을 통해 변화를 경험하고 축적한다면 청소년 노동 환경이 많이 바뀔 것입니다. 일하는 청소년에 대한 잘못된 인식을 바꾸고 법과 제도를 고치는 일은 물론 청소년 일자리를 만들어 내는 데에도 큰 도움이 될 것입니다. 그렇게 되면 어른들이 선심 쓰듯 바꿔 주는 게 아니라, 청소년이 진짜로 원하는 변화를 스스로 만들어 낼 수 있겠지요. 쑥쑥 자라는 나무처럼 청소년 노동인권이 계속해서 성장해 나가기를 기대합니다.

한 걸음 더 근로계약서 편

Q 지금 일하는 곳에서 근로계약서 썼어요?

A 아니요. 그런 건 없는 거 같았어요. 아르바이트할 때 가게 규칙을 지키겠다고 사인한 적은 있어요. '성실히 일하겠다.' 이런 거.

Q 전에는 근로계약서를 써 본 적 있어요?

A 처음 일한 데는 썼었어요. 일하다가 도중에 불러요. 갔더니 잘 읽어 보고 쓰래요. 시급은 얼마다, 2개월 이내에 관두면 15% 깎는다, 주휴 수당 있다, 그렇게 쭉 있었어요. 다른 내용은 뭔지 모르고요. 다 읽어 볼 시간이 없었으니까.

Q 근로계약서 쓴 후에 복사본 받았어요?

A 복사본이요? 하나만 써서 사장님이 가졌어요.

친구의 소개를 받거나 구체적인 노동 조건이 나와 있지 않은 구인 광고를 보고 찾아가서 일부터 시작하는 때도 있습니다. 그러면 도중에 근로계약서를 쓰자고 하기가 애매하지요. 썼다 하더라도 일하는 사람 몫의 계약서 한 부를 받지 못하는 사례도 있습니다. 처음에 얘기한 조건과 달라지거나 사업주 맘대로 월급을 주는 일이 벌어지기도 합니다. '사장이 알아서 잘하겠지…….' 하는 막연한 신뢰가 고난의 시작이 될 수 있다는 걸 명심하세요. 일하기 전에 적어도 내 임금이 얼마인지, 월급날은 언제고, 일하는 시간과 쉬는 날은 언제인지 등을 정확하게 하는 것이 진정한 신뢰 관계의 시작입니다.

☞ 근로계약서는 노동 조건을 정하는 중요한 문서입니다. 반드시 일하기 전에 작성하고 한 부를 보관해요!

근로계약서를 작성하고 나눠 주는 것은 사업주(사장)의 의무 사항입니다. 이를 어기면 500만 원 이하의 벌금을 물어야 합니다. 그럼에도 현실에서 잘 안 지켜지다 보니 최근에는 처벌을 강화해서 2015년부터는 즉시 과태료 처분을 하기로 했습니다. 사업주가 근로계약서 작성을 거부한다면 "학교 수업 끝나자마자 오려면 담임선생님이 근로계약서가 있어야 한다고 했다." "고용노동부에 상담해 보니 근로계약서를 꼭 작성하고 받아야 한다고 했다." 등의 이유를 들어 근로계약서 작성을 요구해 보세요. 근로계약서는 정해진 양식은 없으니 근로계약서의 예시를 참고하거나 고용노동부 홈페이지(www.moel.go.kr)에서 '표준 근로계약서' 양식을 내려 받아 활용하시면 됩니다.

☞ 강요된 서약서는 '약속'이 아닙니다!

근로계약서에 "2개월 이내 관두면 그달치 월급은 없다." "접시를 깨면 하나에 만 원씩 물어내야 한다." 등과 같이 사업주가 임의로 내용을 정하는 경우가 있습니다. 이렇게 부당한 내용은 거부해야 하지만, 일도 시작하기 전이라 쉽지 않죠. 고용주가 강요할 수도 있습니다. 그러나 강요에 의해 작성한 서약서는 꼭 지켜야 할 '약속'이 아니니 살짝 무시하고 시작해도 됩니다. 노동자는 이를 지킬 의무가 없어요. 계약서에 쓰여 있다 하더라도 법을 위반하거나 미달하는 내용은 무효이기 때문입니다. 나의 잘못으로 피해를 입히거나 서약서 내용을 지키지 못해 배상해야 되면 어떻게 하나 걱정할 필요도 없습니다. 설령 그런 일이 생긴다고 해도 사업주가 피해 내용을 입증해야 하고, 노동자가 일하는 도중 고의로 끼친 피해가 아닌 이상 그 배상액도 아주 작거나 없습니다.

근로계약서(예시)

사장○○○(이하 '사장' 이라 함)과 노동자○○○(이하 '노동자' 라 함)은 다음과 같이 근로계약을 체결하여 한 부씩 나누어 갖기로 한다.

1. 계약 기간: 년 월 일부터 년 월 일까지
2. 근무 장소: ○○시 ○○구 ○○동 ○○편의점
3. 업무 내용: 매장 물품 판매 및 정리
4. 노동 시간
   (1) 시작 시간: 오전 11시
   (2) 끝나는 시간: 오후 7시
   (3) 쉬는 시간(휴게): 오후 4시부터 5시까지
5. 임금
   (1) 시간급: 10,000원
   (2) 수당: 식대 매일 5,000원
   (3) 시간 외 임금(연장, 야간, 휴일 노동 등): 시간급 임금의 50%
   (4) 지급일: 매달 25일
   (5) 지급 방법: 노동자가 요구하는 은행 계좌로 입금
6. 유급 휴일: 매주 목요일(주휴일)
7. 휴가: 근로기준법 등이 규정하는 휴가 등을 부여함
8. 기타(※제20조 위약금 예정 금지, 제7조 강제 근로 금지)

본 계약서에 정함이 없는 사항은 취업 규칙과 근로기준법 등 노동관계 법령을 따른다.

년 월 일

(사장) 사업체명: ○○편의점 대표자: (서명 또는 날인)
소재지: ○○시 ○○구 ○○동 ○○번지 전화: ○○○-○○○○
(노동자) 성명: (서명 또는 날인)
주소: ○○시 ○○구 ○○동 ○○번지 전화: ○○○-○○○○

'알바' 달력(예시)   년   월

구분	월	화	수	목	금	토	일
출근 여부		1	2	3	4 ☑	5 ☑	6 ☑
노동 시간					오후 6:00~10:30	오후 3:00~11:00	오후 3:00~11:00
쉬는 시간					8:00~8:30	5:00~6:00	7:00~8:00
연장, 야간 등					야간 0.5	야간 1	야간 1
출근 여부	7	8	9	10	11 ☑	12 ☑	13 ☑
노동 시간					오후 6:00~10::30	오후 3:00~11:00	오후 3:00~11:00
쉬는 시간						5:00~6:00	7:00~8:00
연장, 야간 등					야간 0.5 연장 0.5	야간 1	야간 1
출근 여부	14	15 ☑	16	17	18	19 ☑	20 ☑
노동 시간		오후 7:00~10:00 (친구 대타)			(하루 쉼~~)	오후 3:00~11:00	오후 3:00~11:00
쉬는 시간						5:00~6:00	
연장, 야간 등		연장 3				야간 1	야간 1, 연장 1
출근 여부	21	22	23 ☑	24	25 ☑	26 ☑	27 ☑
노동 시간			오후 7:00~10:30 (친구 대타)		오후 6:00~10:30	오후 3:00~11:00	오후 3:00~11:00
쉬는 시간			8:00~8:30		8:00~8:30	5:00~6:00	7:00~8:00
연장, 야간 등			야간 0.5 연장 3		야간 0.5	야간 1	야간 1
	28	29	30 월급날				

근로계약서: □ 썼음 □ 안 썼음

※ 노동조건(만 18세 청소년)
① 임금: 시급 10,000원
② 노동시간
- 일주일 소정 노동 시간: 18시간
  (1일 소정 노동 시간: 3.6시간)
- 금: 오후 6:00~10:30(휴게 시간 30분)
- 토~일: 오후 3:00~11:00(휴게 시간 1시간)
- 주휴일: 월요일

※총 노동 시간=18시간(첫째 주)+18.5시간(둘째 주)
+18시간(셋째 주)+21시간(네째 주)=75.5시간

① 총 노동 시간에 대한 임금=75.5시간×10,000원
=755,000원
② 주휴일 수당=1일 소정 노동 시간×시간급
=3.6시간×10,000원=36,000원
③ 1월 주휴일 수당=36,000원×4회=144,000원
④ 연장·야간 노동 가산 수당
=(연장 7.5시간+야간 10시간)×0.5×10,000원=87,500원
⑤ 월급=①+③+④=986,500

※하루 실제 노동 시간: 노동 시간-쉬는 시간=임금 노동 시간

※주휴일: 일주일에 40시간 일한 노동자라면 주휴일에 대해 하루치 임금(18세 이상은 8시간, 18세 미만의 경우는 7시간에 해당하는 임금)을 받음. 일주일에 15시간 이상 일했다면 일한 시간에 비례해 주휴일을 유급으로 쉴 수 있음.(1일 소정 노동 시간×시간급)

※단시간 노동자의 1일 소정 노동 시간: 1주 법정 노동 시간 40시간에 비례해서 계산함

- 만 18세 이상인 경우

  40시간(1주 법정 노동 시간): 8시간(1일 법정 노동 시간)=18시간(1주 소정 노동 시간): χ(1일 소정 노동 시간), χ=(8시간×18시간)÷40시간, χ=3.6시간

- 만 18세 미만의 경우

  35시간(1주 법정 노동 시간): 7시간(1일 법정 노동 시간)=18시간(1주 소정 노동 시간): χ(1일 소정 노동 시간), χ=(7시간×18시간)÷35시간, χ=3.6시간

※야간 노동 시간: 밤 10시부터 다음날 6시 사이에 일한 시간

※연장 노동 시간: 1일 7시간(18세 이상의 경우 8시간) 또는 주 35시간 초과해서 일한 시간 (18세 이상인 경우 주 40시간 초과)

※단시간 노동자의 연장 노동 시간: 1일 일하기로 정한 시간(소정 노동 시간)을 초과해서 일한 시간

※가산 수당: 연장, 야간, 휴일 노동에 대해 시간당 임금의 50% 이상을 더 지급하는 임금

※휴게 시간: 4시간 일하면 30분 이상, 8시간 일하면 1시간 이상 휴게 시간 보장. 휴게 시간은 노동자가 자유롭게 활용하는 시간으로 사업주의 임금 지급 의무 없음. 휴게 시간을 미리 정했는데 쉬지 못했다면 임금을 지급해야 함.

☞ 근로계약서가 없다면 노동 조건을 꼼꼼하게 메모하세요

지금까지 알아본 내용대로 근로계약서를 쓰고 여기에 적힌 내용을 잘 지킨다면 걱정이 없겠죠? 하지만 사업주가 법을 무시하거나 자기 마음대로 해석할 수 있습니다. 이럴 때에도 대비해야 해요. 사업주가 말한 노동 조건을 '알바' 달력 예시처럼 꼼꼼하게 체크하고 메모해 두면 도움이 됩니다. 근로계약서를 썼다고 해도 마찬가지예요. 서로 기억을 못 하거나 실제 일할 때 상황이 다른 경우가 종종 있기 때문이지요.

02 '초'저임금 헐값 노동! 최저 임금 넘고 넘자!

> 한 시간에 2500원짜리 커피를 100잔 정도 팔아 24만 원 수익을 냈지만 내 시급은 5210원.
>
> 이틀 일하고 일이 계약 조건과 달라서 그만뒀는데 입금을 안 해 주기에 전화하니 고작 몇만 원 가지고 왜 그러냐고 했다. 아오!

일하는 노동자들의 최대 관심사는 임금입니다. 그런데 아무리 일해도 낮은 임금 수준 때문에 고통 받는다면 일할 맛이 나지 않겠지요? 쥐꼬리만한 임금도 문제지만 제때 주지도 않으면서 임금 달라고 하면 "고작 몇만 원" 운운하며 무시하는 태도를 보인다면 당하는 사람 기분이 어떨까요?

알바비가 형편없이 낮은 이유

우리나라에는 '최저 임금법'이 있습니다. 이 법은 일하는 사람들의 생활 안정을 위해 "임금의 최저 수준을 보장"하고 있습니다. 이에 따라 1988년 처음으로 최저 임금이 결정됐습니다. 최저 임금은 노동자의 생계비, 노동자의 평균 임금, 노동 생산성 등을 고려해서 매년 다르게 결정됩니다. 그런데 우리나라 최저 임금은 매우 낮아서 5인 이상 사업장 통상 임금의 40%도 안 되는 수준이라고 합니다. 경제협력 개발기구(OECD)가 권고한 전체 노동자 평균 임금의 50% 수준에 비하면 매우 낮다고 할 수 있죠.

최저 임금은 저임금 노동자뿐만 아니라 각종 재난이나 사고의 피해자와 서민에게 두루 영향을 미치고 있기에 매우 중요합니다. 예를 들어 노동관계법은 실업 급여 산정 때나 출산 전후 휴가 금액을 정할 때, 실제 노동자가 받은 급여가 최저 임금보다 적더라도 최저 임금을 기초로 계산하도록 정하고 있습니다. 사회 보장 기본법은 국가나 지방 자치 단체가 최저 임금을 고려해서 사회 보장 급여의 수준을 결정하라고 명시하고 있습니다. 이 밖에도 장애인 고용 촉진 및 직업 재활법, 산업 재해 보상보험법 등 많은 법이 각종 수당 등을 책정할 때 최저 임금을 고려하도록 하고 있습니다. 따라서 최저 임금을 현실화하는 것은 다른 사회 보장 체계도 함께 챙기는 일이 됩니다. 우리나라 국민이라면 최저 임금과 무관하게 살 수 없다는 이야기입니다.

현재 우리나라의 법정 최저 임금을 기준으로 보았을 때, 하루 8시간씩 한 달 꼬박 일하면 190만 원 정도의 임금을 손에 쥘 수 있습니다. 이조차도 못 받는 노동자가 319만 명에 이르고, 5인 미만 사업장에서 일하는 노동자의 경우 36%에 이른다고 합니다. 실제로 우리나라에서 최저 임금만으로 살아가는 노동자들은 '워킹푸어'(working poor, 노동 빈곤층)에서 벗어나기 어렵습니다. 워킹푸어는 '일을 해도 가난한 사람'이란 뜻인데 미국에서 1990년대 중반 등장한 용어입니다. 요즘은 그 뜻이 좀 더 넓어져서, 일을 열심히 해도 저축할 여력이 없고 일시적 질병이나 실직이 곧바로 절대 빈곤으로 이어질 수 있는 취약 계층을 일컫습니다.

청소년 노동자의 임금이 최저 임금 수준을 넘지 못하고 있다는 것은 다들 알고 있을 것입니다. 2008년 청소년노동인권네트워크에서, 일하는 청소년들의 임금 수준을 조사한 적이 있습니다. 전국 1458명을 대상으로 조사한 결과 그중 52.3%가 최저 임금(2008년 시급 3770원)에도 못 미치는 임금을 받으며 일하고 있었습니다. 아까 최저 임금은 '최저의 기준'을 정한 거라고 말씀드렸잖아요? 그 이하는 불법이라고 나라가 정한 거예요. 그런데 청소년 노동에는 이 기준이 제대로 적용이 안 됩니다. 최저 임금이 청소년들에게는 최고 수준의 임금이 되는 것이 현실입니다. 해마다 실시한 실태 조사 결과도 이와 크게 다르지 않았습니다.

이처럼 일하는 청소년의 임금 수준이 형편없이 낮은 이유는 뭘까요? 앞서 이야기했듯이 청소년 노동이 '용돈 벌이'에 불과하다는 왜곡된 인식이 한몫

하는 것 같습니다. 일하는 이유와 목적이 무엇이든 일하는 동안에는 청소년도 우리나라의 모든 노동관계법을 적용받는 '노동자'입니다. 그런데도 우리 사회는 '청소년은 학업이 우선'이라는 이유로, '잠시 잠깐 용돈 벌러 나왔다'는 이유로, '미숙련'이라는 이상한 이유를 들어 저임금을 정당화하고 있습니다.

> 일단 알바하려는 애들은 많고 일자리는 별로 없잖아요. 청소년 일 시켜 주는 데가 별로 없잖아요. 그러니깐 점점 시급이 싼 애들을 쓰려고 하는 거 같아요. –상원(가명, 18세)

상원은 시급 2500원을 받으며 PC방에서 일했습니다. 당시 법정 최저 임금은 3770원이었습니다. 상원이 저임금을 감수할 수밖에 없었던 이유는 일할 곳이 많지 않기 때문이었습니다. 이런 현실이 청소년의 낮은 임금 수준을 당연시하는 구조를 만드는 것 같습니다.

알바비도 최저 임금제 적용 대상

청소년에게 시간당 2500원의 시급을 줬던 한 사업주에게 이것이 정당한가를 물은 적이 있습니다. 그는 뭐가 문제냐는 듯이 이렇게 이야기했습니다.

> 내가 최저 임금 같은 거 다 줘 가면서 알바 쓰려면 대학생이나 성인들 쓰지 뭐 하러 어린애들 쓰겠어. 그리고 어린애들은 어른만큼 일을 못 하니까 그 정도 줘도 법적으로 별문제 없다는데 뭐가 문제야!

청소년은 헐값으로 부려도 문제없다는 태도였습니다. 당당해 보이기까지 했습니다. 사업주의 시각이 이러하다면 최저 임금이 오른다고 해도 청소년 저임금 문제는 쉽게 해결되지 않을 것 같습니다. 그런데 "어른만큼 일을 못하니까" 최저 임금보다 적게 줘도 된다는 말은 맞는 것일까요? 그렇지 않습니다.

최저 임금은 일하는 모든 사람들에게 적용하도록 되어 있습니다. 그런데 여기에 예외가 있었습니다. 예컨대 "정신 장애나 신체장애로 근로 능력이 현저히 낮은 자"는 최저 임금 적용 대상에서 제외하고 있습니다(최저 임금법 제7조 1항). 이것은 장애인의 노동력을 인정하지 않겠다는 뜻이어서 실제로는 임금을 더 깎는 사례가 속출하고 있습니다. 시행령의 예외 조항도 문제입니다. 예컨대 경비원이나 24시간 설비를 단속하는 사람(감시 또는 단속적으로 근로에 종사하는 자)에 대해 최저 임금에서 10%를 깎아도 된다고 정했다가(최저 임금법 시행령 제3조 2항) 2015년부터 최저 임금액 100%를 적용하기로 바꿨습니다. 그러자 아파트 단지마다 경비원이 대량으로 해고되는 사태가 벌어졌습니다. 세대마다 그저 몇천 원씩만 추가로 부담하면 되는데도 말이지요. 애초에 최저 임금에도 못 미치는 돈으로 관리비를 책정했기에 벌어진 일입니다. 청소년도 여기에 해당합니다. 수습 기간에는 임금의 10%를 깎아서 줘도 된다는 내용이 들어 있어 청소년 노동자의 임금 삭감 수단으로 악용되고 있어요(시행령 제3조 1항).

바로 이런 예외 규정들 때문에 청소년, 장애인을 포함해서 사회 경제적으로 취약한 계층이 보호받지 못하는 것 같습니다.[3)] 최저 임금이라면 말 그대로 최저의 기준인데 왜 적용이 안 되는 사람이 있고, 깎아도 되는 대상이 있는 걸까요? 이건 정말 빨리 바뀌어야 할 부분인 것 같습니다.

청소년들이 하는 일 중에 수습 기간이 필요한 일들은 그리 많지 않습니다. 그런데도 사업주는 최저 임금보다 적게 준 게 문제가 되면 수습 기간이라 예외에 해당한다고 발뺌하는 경우가 많습니다. 헐값으로 부려 먹으려다가 문제가 되면 그런 식으로 둘러대는 거예요. 이런 일을 막으려면 정확하게 예외에 해당하는 내용을 잘 알고 있어야 합니다. 일하기 전에 수습 기간(최대 3개월)을 따로 정한 경우가 아니라면 최저 임금에서 10% 깎는 것은 불법입니다. 또한, 수습 기간을 정했다 해도 절대 최저 임금을 깎지 못하는 경우가 2가지 있습니다. 첫 번째는 일하는 기간을 1년 미만으로 정했을 때, 두 번째는 편의점 판매 업무 및 음식 배달, 주방 보조 등(한국표준직업분류 대분류 9 '단순노무 종사자' 참고)의 일을 하는 때입니다.

3) 2013년 성북구를 시작으로 생활임금을 도입하는 지자체가 늘고 있습니다. 법에서 정한 최저 임금보다 높은 임금을 보장하여 사회 경제적으로 취약한 계층을 보호하기 위함입니다. 한편, 국가는 모든 국민에게 인간적인 삶을 보장할 수 있는 조건 없는 '기본 소득'을 지급해야 한다는 주장도 있습니다.

장시간 노동의 주범, 저임금

일하는 청소년의 저임금 문제는 여기서 끝나지 않습니다. 쉼 없이 장시간 일한 결과 건강과 사회생활에도 악영향을 미치게 됩니다.

충북 지역에서 고등학교에 다니는 해인(가명, 19세)은 학교 수업이 끝나면 종종 택배 물류 센터로 일하러 갑니다. 같이 일하는 사람이 30명쯤 되는데 그중 청소년이 15명 정도 된다고 합니다. 해인이 하는 일은 전국으로 보낼 물건을 분류하는 일입니다. 일은 밤새 이어져 오전 8시를 넘기기 일쑤고, 해인은 아침도 거른 채 바로 학교에 가야 했습니다. 수업 시간에 졸음을 참지 못해 선생님께 혼나는 일도 많았습니다. 그래도 해인이 이 일을 포기하지 못하는 건 충북 지역에는 수도권처럼 일할 기회가 많지 않고 다른 일자리는 임금도 적기 때문이라고 합니다. 하루 밤샘으로 손에 쥘 수 있는 5만 원은 생활에 보탬이 되는, 정말 큰돈이기 때문에 몸이 고단해도 달려가게 된다고 했습니다.

치킨집 오토바이 배달을 했던 원희(가명, 19세) 역시 학교 수업 끝나기가 무섭게 달려가 5시 30분부터 밤 11시까지 일했다고 합니다. 주말은 아침 11시부터 밤 11시까지 꼬박 12시간씩 일합니다. 장시간 몸을 혹사하면서 받은 시급은 최저 임금에도 못 미치는 돈이었습니다. 휴일, 야간(오후 10시부터 다음 날 아침 6시 사이), 연장(청소년은 하루 7시간, 한 주 35시간을 초과하는 시간) 노동을 했기에 당연히 받아야 했을 가산 수당(휴일, 야간, 연장 노동을 하면 더 받는 임금)까지 포함하면 굉장한 손실을 보면서 일한 셈입니다.

해인과 원희는 기본임금이 적기 때문에 돈을 더 벌려면 일하는 시간을 늘릴 수밖에 없었다고 했습니다. 해인은 밤샘 알바를 시작하면서 수면 부족으로 건강이 많이 나빠졌습니다. 원희는 빨리빨리 배달해야 하다 보니 늘 교통사고의 위험에 놓이고 그동안 찰과상 같은 크고 작은 부상에 시달렸다고 합니다. 청소년 노동자를 고용하는 사업장에서 최저 임금이라도 제대로 지킨다면 밤을 새워 가며 장시간 노동으로 임금을 보충하는 일이 조금은 줄어들지 않을까요?

또 다른 형태의 임금 갈취, '꺾기'

혹시 '꺾기'라고 들어 봤나요? 지금까진 사업주가 불법으로 청소년 노동자의 임금을 갈취한 사례였다면 이건 현행법상 합법적(?)인 갈취에 해당합니다.

> 원래 근무 시간은 1시부터 5시까지인데 (손님이 없으면 시간을) 줄여 버리는 거예요. 너, 몇 시에 퇴근해, 이런 식으로. 당연히 돈도 그만큼 덜 받게 되죠. 그만둔 이유 중에 그게 제일 컸어요. 손님 없다고 근무를 자기 맘대로 넣고 빼고…….

이처럼 처음에 일하기로 한 시간과 상관없이 손님이 없으면 바로 스케줄을 조정합니다. 일찍 퇴근시키고 임금을 주지 않는 식인 거죠.

일하는 사람에게는 휴식이 필요하지요? 기계가 아닌 이상 쉼 없이 일할 수는 없으니까요. 그걸 법으로 정한 것이 '휴게 시간'입니다. 근로기준법은 하루에 4시간 일하면 '30분 이상', 8시간 일하면 '1시간 이상' 휴게 시간을 보장하도록 하고 있습니다. 이 시간은 누구의 간섭도 받지 않고 노동자가 자유롭게 활용할 수 있습니다. 예를 들어 서점에 가거나 친구를 만나거나 할 수 있어요. 만일 9시에 출근하고 6시에 퇴근하는 노동자라면 대개 12시부터 1시 사이가 점심시간으로 근로기준법상 휴게 시간에 해당합니다. 그런데 휴게 시간의 상한 규정이 없다 보니 일부 사업장은 휴게 시간을 지나치게 길게 두는 식으로 악용하고 있습니다.

이른바 '꺾기'입니다. 예컨대 근로계약서에 "일하는 시간: 오전 11시~오후 10시, 쉬는 시간: 오후 2시~오후 5시" 이렇게 정하는 겁니다. 그러고는 손님이 없으니 그 시간에는 나가 있으라고 종용합니다. 알바들은 어쩔 수 없이 PC방이나 만홧가게 같은 데서 시간을 보내다 와야 해요. 총 11시간 중 3시간을 휴게 시간으로 정한 것이니 근로기준법에 어긋나지 않지요. 문제는 이 시간은 노동 시간이 아니니 시급을 받을 수 없다는 데 있습니다. 일하는 사람 입장에서 보면 일하다 중간에 사업장을 나와서 대기해야 하는 어이없는 일이 생기는 겁니다.

노동자를 장시간 사업장에 묶어 두고도 휴게 시간에 대해 임금을 지급하지 않습니다. 실질적인 임금 삭감의 도구로 악용되는 것입니다. 외국계 프랜차이즈인 모 패밀리 레스토랑에서 시작된 것으로 지금은 국내 많은 사업장이 이런 식으로 임금을 깎고 있습니다.

법의 허점을 악용한 이러한 사례에 대해 2010년 3월 국가인권위원회도 그

심각성을 인식하고 노동부에 실태 파악과 근로 감독이 필요하다는 권고안을 내기도 했지만, 이런 관행은 바뀌지 않고 있습니다. 고용노동부의 실태 파악과 대책 마련은 깜깜무소식이고 오히려 청소 노동자와 경비 노동자 등을 고용한 사업장에 악성 바이러스처럼 번지고 있습니다. 2명의 교대 근무가 필

청소년 노동인권 보호를 위한 법령 및 정책 개선 권고

-국가인권위원회, 2010. 3. 22.

1. 연소자의 주간 법정 근로 시간을 현행 1주 40시간에서 1주 35시간으로, 연장 근로 한도를 현행 1주 6시간에서 1주 5시간으로 개정할 것
2. 청소년 근로자의 45%가 종사하고 있는 5인 미만 사업장에 대해 근로기준법의 적용을 확대할 것
3. **청소년에게 악용되고 있는 이른바 '꺾기'의 실태를 파악하고 이의 근절을 위한 방안을 마련할 것**[4)]
4. 근로 감독 강화 조치로써 사전 통보 없는 사업장 근로 감독으로 관련 규정을 개정하고 근로감독 점검표를 보완할 것
5. 청소년 고용 사업주 대상 노동법령 교육을 실시하고
6. 노동법령 내용을 책자로 제작하여 청소년 고용 사업장에 배포, 게시하도록 독려할 것

4) "'꺾기'의 휴식은 청소년 근로자가 사업장과 인접한 곳에 머물러 있어야 하고, 사업주에 의해 언제든지 다시 근로에 복귀할 수 있는 상태이므로, 사업주의 지휘명령으로부터 완전히 이탈하여 근로자의 자유로운 이용이 보장된 시간이라고 보기 어렵다. 따라서 이는 온전한 휴게 시간이라고 볼 수 없으며, 실질적으로는 대기 시간에 가깝다. 따라서 현행 근로기준법에 이를 규율할 수 있는 새로운 규정을 마련할 필요가 있다. 이와 관련하여 프랑스 노동법제상 '호출 대기 시간'을 주목할 만하다. 호출 대기 시간이란 근로자가 사용자의 상시적이고 즉각적인 처분에 놓여 있지 않지만 필요한 경우 근로에 투입될 수 있도록 자신의 주거지에 머물러 있거나 근로 장소와 근접한 곳에 머물러 있을 의무를 지는 시간으로 이에 대한 금전적 보상을 정하고 있다. 따라서 청소년 근로자에게 악용되고 있는 '꺾기'의 실태를 우선 파악하고 이를 규제하기 위하여 위 호출 대기 시간과 같은 규정을 명문화하는 등 대책을 마련하여야 한다." -국가인권위원회, 청소년 노동인권 보호를 위한 법령 및 정책 개선 권고, 2010.3.22.

요한 일자리에 오전과 저녁 시간으로 노동 시간을 분산시켜 놓고 오후에 긴 휴식 시간을 두어 한 명만 고용하는 식입니다. 일하는 사람의 건강을 위해 마련된 휴식 시간이 임금 삭감의 수단 또는 건강을 해치는 장시간 노동의 주범으로 악용되고 있는 상황이 참담할 뿐입니다.

근로 감독 취약하면 최저 임금은 종이호랑이

이렇게 최저 임금을 위반하는 사업장이 많고, 법을 악용하여 청소년 노동자의 노동인권을 침해하는 사례들이 많은데 행정 기관이 이를 제대로 감독하지 못하고 있는 실정입니다. 노동부(고용노동부)와 지방 노동청에 청소년을 전담하는 부서가 없으니 실태 파악도 제대로 이뤄지지 않는 것 같습니다.

노동부가 2013년 겨울 방학 동안 청소년 노동자를 고용한 939개 사업장을 근로 감독한 결과 69.2%(650개 업체, 1492건)가 노동법을 위반했다고 발표했습니다. 위법하다고 적발된 내용을 업체별로 살펴보면 근로 조건 미체결 390개 업체(41.5%), 임금 체불 257개 업체(27.4%), 최저 임금 미지급 104개 업체(11.1%) 등입니다. 사례별로는 최저 임금을 노동자에게 알려 주지 않은 경우 371건(24.8%), 근로계약할 때 노동 조건을 문서로 작성하지 않은 경우 299건(20%) 등이 가장 많았고 그다음으로 노동자 명부 미작성 217건(14.5%), 연소자 연령(18세 미만) 증명 서류, 친권자 또는 후견인 동의서를 비치하지 않은 경우 189건(12.6%), 임금 체불 32건(2.1%), 최저 임금 이하의 임금 지급 30건(2%) 순으로 나타났습니다.

그런데 이는 다른 조사 결과와 차이가 있습니다. 예컨대 최저 임금 위반 사업장이 104개 업체(11.1%)였다고 하는데 2008년 청소년 노동인권 네트워크의 조사(52.3%), 2010년 국가인권위원회 조사(63.7%)와 차이가 큽니다. 그 이유는 무엇일까요?

이것은 조사 시기의 차이도 있지만 근로 감독 대상과 방법의 문제에서 생기는 것 같습니다. 청소년이 주로 일하는 사업장은 10인 미만의 영세 사업장인데, 정부가 근로 감독하는 곳에는 대형 프랜차이즈나 임금 대장이 잘 갖춰져 있는 규모 있는 사업장이 많습니다. 근로 감독을 상시로 하지 않고 방학 때만 집중적으로 하는 것도 적절해 보이지 않습니다. 청소년이 그때만 일하는 것도 아니잖아요. 근로 감독 사실을 사업주에게 미리 알리는 것도 이상합니다. 다른 기관은 그렇게 하지 않거든요. 보건 관련 기관에서 식품 위생 관리법에 따라 해로운 환경을 감독하러 나갈 때는 그 사실을 알리지 않고 불시에 나갑니다. 그래야 평소의 영업 실태를 점검할 수 있기 때문입니다. 불법적인 상황을 보완할 시간을 주는 현행 근로 감독은 개선되어야 합니다.

근로 감독 자체가 형식적이라는 점도 지적해야 합니다. 현장을 직접 점검해서 실태를 파악하기보다 사업주에게 질문하고 마는 경우가 대부분이에요. 일하면서 근로 감독관을 봤다는 청소년 노동자가 거의 없는 이유입니다. 드물게 청소년 노동자에게 질문하는 경우가 있지만 이때도 사업주가 보는 앞에서 합니다. "사업주가 최저 임금을 지키고 있는가?" "부당한 일을 당한 적이 있는가?" 사업주가 지켜보는 상황에서 웬만한 강심장이 아니고서는 정확한 사실을 이야기하기 어렵죠. 당연히 대면 조사는 사업주와 청소년 노동자가 각각 격리된 상태에서 이루어져야 합니다.

미비하나마 근로 감독이 이루어졌다고 해도 후속 조치가 제대로 이루어지지 않는 점도 문제입니다. 2009년 겨울방학 동안 점검한 결과 77.3%의 사업장이 법 위반을 한 것으로 나왔는데요, 사법 처리는 고작 1건이었습니다. 2013년에도 2개 업소에 불과했고요. 대부분 '시정'이나 '주의' 조치에 그칩니다. 법 위반 사실에 대해 고치라는 명령을 사업주가 이행하지 않거나 반복해서 같은 법 위반 사항이 걸리지 않는 한 청소년 노동과 관련한 법 위반으로 사법 처리되기란 사실상 어렵습니다. 사업주들이 안이하게 대처하는 이유지요. 2015년부터는 최저 임금을 지키지 않을 경우 즉시 과태료 처분을 한다고 하니 좀 달라질까요?

국제 노동 기구(ILO)는 2008년 세계 임금 보고서에서 "근로 감독 행정이 취약하고 벌칙 수준이 낮으면 최저 임금은 종이호랑이가 된다"고 강조한 바 있습니다. 근로 감독 행정이 필요한 곳에서 제때에 이루어지고, 사후 엄격하게 법 적용을 한다면 다음과 같은 바람이 이루어질 날이 좀 더 빨리 오지 않을까요?

> 최저 임금 올려도 별 소용이 없는 것 같아요. 지키는 데가 없으니까요. 이런 건 이렇게 저런 건 저렇게 해야 한다고 하는데 하나도 안 지켜지니까요. 좀 지켜 줬으면 좋겠어요. -해인(가명, 18세)

최저 임금의 현실화, 청소년 노동자 권리 회복의 시작

우리나라에서 최저 임금 미만의 임금을 받으며 일하고 있는 노동자가 209만 명(2014년 3월 전체 임금 노동자의 11.8%)이나 되는 것이 현실입니다. 또한 주요 법률 14개, 사안별 제도 20개 등 모두 34개의 법 제도가 최저 임금을 기준으로 하고 있습니다. 이렇게 중요한 사안이 해마다 형식적으로 결정되고 겨우 몇백 원씩 오르는 데 그친다는 건 매우 안타까운 일입니다. 우리가 좀 더 관심을 두고 적극적으로 대처해야 합니다. 최저 임금을 현실화하고 제대로 적용하는 것이야말로 청소년 노동자 권리 회복의 출발점이기 때문입니다.

한 걸음 더 최저 임금 편

Q 얼마 받으며 일했어요?

A 시급 4000원이요. 평소 학교 끝나고 집 들렀다가 오후 5시에 가서 밤 11시에 끝났고, 주말엔 오전 11시부터 밤 11시까지 했어요. 밤이건 낮이건 똑같이 4000원이요.

Q 4000원이면 최저 임금보다 적은데, 혹시 최저 임금에 대해 알고 있었어요?

A 알긴 알았지만 어쩔 수 없죠.

Q 혹시 수습 기간이라고 하면서 적게 줬어요?

A 그런 건 없었던 거 같아요.

Q 수습 기간도 안 정하고 그냥 깎았어요?

A 네, 교육 기간은 무봉(임금이 없음)이라고 했고요. 그런데 교육 기간이 수습 기간인가요? 암튼…… 그냥 사장이 봐서 일 잘한다 싶으면 올려 주고, 빈둥거린다거나 고객들한테 항의가 들어오면 보류하거나 그랬던 거 같아요.

일하는 사람들을 위한 최소한의 기준인 최저 임금보다 적게 받으면서 일하는 청소년이 많습니다. 모르고 그럴 수도 있지만 알아도 어쩔 수 없는 게 현실이죠. 괜찮은 일자리가 적어서 이런 것 저런 것 따질 상황이 아닐 수도 있고요. 그나마 일할 수 있는 게 어디냐 하고 넘어가기 쉽습니다. 하지만 그럴수록 권리 찾기는 멀어집니다. 다른 어떤 조건보다도 먼저 챙겨야 할 것이 임금입니다. 임금이야말로 청소년들이 일을 하는 첫 번째 이유이니까요. 형편이 어려운 친구들에게 터무니없이 적은 임금은 생존을 위협할 수도 있습니다. 처음엔 힘들겠지만 당당하게 요구해 보면 어떨까요? 가

만히 있으면 더 나빠질 수 있어요. 혼자 하기 힘들면 여럿이서 함께 용기를 내 보면 좋겠어요.

☞ 노동자라면 반드시 최저 임금 이상은 받아야 해요!

사업주는 노동자가 잘 볼 수 있는 곳에 최저 임금을 게시하거나 알려야 할 의무가 있어요. 이를 어기면 100만 원 이하의 과태료를 내야 해요. 그리고 사업주가 최저 임금보다 낮은 임금을 노동자에게 주면 3년 이하의 징역이나 2000만 원 이하의 벌금을 물어야 합니다. 나이가 어려도, 일주일에 이틀만 일해도, 하루에 4시간을 일해도 최저 임금 이상을 받아야 합니다.

☞ 최저 임금보다 적은 임금은 '체불 임금'에 해당해요!

사업주와 합의했다고 해도 최저 임금에 못 미친다면 그 차액은 임금 체불에 해당해요. 2019년 최저 임금이 시간당 8350원인데 시급 6350원을 받기로 했다면 2000원이 체불 임금이지요. 이에 대해 노동자는 사업주에게 지급 요청할 수 있습니다. 일하는 동안이라 어렵다면 일을 그만둔 후 3년 이내에 청구할 수 있습니다.

평소 최저 임금보다 많이 받아도 기준에 미달할 수 있습니다. 야간 노동(밤 10시 이후부터 다음 날 아침 6시까지)은 수당이 붙기 때문입니다. 근로기준법에는 야간 노동에 대해 50% 이상의 가산 수당을 지급하도록 하고 있습니다. 예컨대 2019년 최저 시급인 8350원을 기준으로 계산했을 때, 야간 노동을 했다면 시간당 8350원+(8350원×0.5)=1만 2525원 이상을 받아야 합니다.

☞ 수습 기간이라도 이를 미리 정하지 않았거나, 계약 기간이 1년 미만이라면 최저 임금보다 적게 줄 수 없어요!

청소년은 경력을 인정받기가 어렵죠? 이전과 똑같은 일을 했어도 사업장이 달라지면 매번 신입으로 취급합니다. 심지어 교육 기간이라고 하면서 아예 임금을 주지 않는 일도 있습니다. 이는 근로기준법을 어기는 것입니다. 사정상 교육 기간이나 수습 기간이 필요하다면 미리 정해야 합니다. 그러지 않고 수습을 이유로 임금을 10% 삭감했다면 이 또한 임금 체불에 해당합니다. 현행법상 수습 기간을 미리 정했다 하더라도, 근로 계약 기간이 1년을 넘지 않는다면 최저 임금보다 적게 지급할 수 없습니다. 편의점 판매와 같이 단순 업무인 경우 수습 기간을 정하더라도 절대 삭감할 수 없습니다.

03 사라진 알바비–시간 외 수당의 비밀

친구가 연극 티켓 파는 알바를 하는데 30분 지각했다고 임금이 5만 원 깎였대요. 사장이 조금이라도 덜 주려고 괜히 그러는 거예요. 걔가 잘못은 했지만 그렇다고 5만 원이나 빼는 건 말이 안 되죠.

제 친구가 말도 없이 하루 안 나왔더니만 그 다음 날 저희한테 하루 빠질 때마다 그만큼 일당 깎는대요. 실수로 혼유(종류가 다른 기름을 넣는 일)라도 하면요, 벌금이라면서 돈을 안 줘요. 전에도 어떤 알바생이 혼유 때문에 알바비 떼이고 그만둔 걸로 알고 있어요.

시급 계산하는데 잔돈 없다고 1000~2000원을 까고 줘요.

일 시작하고 이틀 동안 교육을 받는데 그때는 돈을 안 주는 거예요. 일을 안 하는 것도 아니고 물건도 나르고 다른 사람들이랑 똑같이 일하는데 교육 기간이라 그렇다는 거예요. 인수인계해 주는 언니한테 물어봤어요. 그러니까 원래 그렇대요. 그때 일한 건 (시급에) 안 들어간대요.

청소년들이 겪는 부당 노동 행위 중 대부분은 최저 임금에 못 미치는 적은 임금입니다. 그다음이 부당하게 임금을 깎이는 경우고요. 지각했다고 일할 때 실수했다고 돈을 적게 줘요. 일방적으로 교육 기간을 정하고 그동안은 아예 임금을 안 주기도 합니다.

임금 지급 4대 원칙

얼마 전 경수(가명, 19세)는 편의점에서 알바를 시작했습니다. 저녁 시간이었는데 손님 한 명이 담배 10보루를 달라고 했습니다. 그런데 계산하는 사이 들고 도망가 버렸어요. 이런 과정은 CCTV에 다 녹화가 되어 있어서 사실관계를 충분히 확인할 수 있는 상황이었습니다. 그런데도 편의점 사장은 경수 잘못으로 손해를 봤으니 담뱃값을 내놓거나 그만큼 임금에서 제하겠다고 으름장을 놓더랍니다.

당황한 경수는 제대로 대꾸도 못 하고 그 부담을 고스란히 떠안습니다. 이 사실을 알게 된 경수 어머니가 카드로 일부를 결제하고 나머지는 일해서 채우는 걸로 마무리하지요. 그런데 곰곰 생각하니 뭔가 잘못됐다는 생각이 들어 물어물어 상담까지 하게 됐다고 합니다.

결론부터 이야기하면 위 경우는 다 위법입니다. 현행법상 노동자의 지각이나 실수를 이유로 사업주 맘대로 임금을 깎을 수는 없습니다. 교육 기간에도 반드시 임금을 지급해야 합니다. 경수처럼 사업주에게 손해를 끼친 경우라도 임금에서 직접 제할 수는 없습니다. 왜 그럴까요?

노동자의 권리는 곧 사업주의 의무라고 할 수 있습니다. 청소년 노동자가 일한 만큼 대가를 받을 권리가 보장되려면 사업주가 임금 지급 의무를 잘 지켜야 한다는 것이지요. 사업주가 임금을 지급할 때 반드시 지켜야 할 4가지 원칙이 있습니다. ①매월 1회 이상 ②노동자에게 직접 ③돈으로 ④전액을 지급해야 한다는 것이 그것입니다(근로기준법 제43조).

"매월 1회 이상 일정한 날짜에" 임금을 지급하는 것을 어려운 말로 '정기불' 원칙이라고 합니다. 그런데 일하다 보면, 장사가 안된다거나 며칠 있다 주겠다면서 차일피일 미루는 사업주들이 있지요? 부득이하게 그럴 수 있습니다. 하지만 일방적으로 그럴 수는 없어요. 서로 합의해서 지급일을 미룬 경우가 아니면 임금 체불에 해당합니다. 법으로 이렇게 정한 데는 이유가 있습니다. 만약 임금을 받는 날짜가 들쑥날쑥하거나 장기간 지급되지 않으면 노동자의 생활이 곤란해지고 생존의 위협을 받을 수 있기 때문입니다.

임금 지급 방법도 법에서 정한 대로 일한 사람에게 직접 주거나 그 사람 이름으로 개설된 통장으로 보내야 합니다. 이를 '직접불' 원칙이라고 합니다. 나이가 어리다고 해서 임금을 부모나 다른 이에게 주어서는 안 됩니다. 혹시 있을지도 모르는 강제 노동과 노동 착취를 방지하기 위해 정해진 원칙입니다.

청소년 입장에서는 현금보다 통장으로 받는 게 좋습니다. 일을 그만둘 때 사업주가 임금을 덜 주거나 안 주고 오리발을 내밀 때 입증 자료가 되기 때문입니다. 통장에 찍히는 사업장 이름이나 사업주 이름이 그 사업장에서 일했다는 사실을 입증할 때 도움이 되기도 합니다. 사정상 직접 현금을 받아야 할 땐 받은 날짜와 금액을 메모하는 것이 좋습니다. 메모가 힘들 땐 사진을 찍어 두는 것도 방법입니다.

임금 지급과 관련한 또 하나의 원칙은 노동자가 받아서 쓸 수 있는 돈으로 지급해야 한다는 '통화불'의 원칙입니다. 일한 대가를 돈이 아닌 피자, 빵, 치킨, 쿠폰, 상품권 같은 것으로 지급해서는 안 된다는 것입니다. 우리는 받은 월급으로 무엇을 사고 어디에 써야 할지 미리 정해 둡니다. 그런데 정작 돈이 아닌 물건 등으로 받으면 어때요? 당장 쓸 수가 없으니까 생활이 곤란해지겠지요. 통화불의 원칙은 이를 막고자 하는 것입니다.

마지막으로 임금은 전액을 다 주어야 하는 '전액불'의 원칙이 있습니다. 노동자가 사업주에게 손해를 입히거나 근로 계약을 위반했다고 해도 임금에서 손해액을 제하고 줄 수 없습니다. 일단 전액을 지불하고 그다음에 손해액수를 계산해서 청구해야 해요. 노동자가 고의로 혹은 중대 실수를 하여 손해가 발생했다면, 사업주는 민사 소송이나 다른 방법을 통해야 하고 그 손해를 입증해야 합니다. 중간에 일을 그만둘지 모르니 임금의 일부는 그만둘 때 주겠다는 일명 '깔고 주는' 행위도 이 원칙을 위반한 것입니다.

사업주들은 청소년 노동자를 '미숙련' 업무에 '싼값'으로 쓰려고 고용한다고 공공연히 이야기합니다. 그래서 업무에 필요한 교육은 생략하고, 노동에 대한 대가는 헐값이에요. 사업주의 의무는 소홀히 하면서 청소년 노동자가 실수하거나 규칙을 위반하면 득달같이 지나친 책임을 묻는 일이 비일비재합니다. 현행법을 무시한 채 청소년 노동자 임금에서 사업주가 입은 손해액을 곧장 제하는 일이 '상식'인 양 행해지고 있습니다. 이제 어처구니없는 사업주의 '상식'에 휘둘리지 말고 '임금 지급 4대 원칙'을 꼭 기억하길 바랍니다.

연장 수당, 야간 수당, 들어는 봤는데…

장시간 노동은 노동자 건강에 악영향을 미칠 뿐 아니라 사고의 위험을 높입니다. 우리나라 노동자들이 1년 동안 평균 일하는 시간은 2000시간이 넘는다고 합니다. 오죽하면 노동자들의 일주일은 '월화수목금금금'이라고 할까요? '저녁이 있는 삶'은 언감생심 꿈도 꾸기 어렵습니다.

이러한 장시간 노동의 위험성 때문에 근로 기준법에는 하루 노동 시간이 8시간을 넘지 못하도록 정하고 있습니다. 18세 미만의 경우는 더 엄격해서, 하루 7시간을 넘지 못하도록 정하고 있지요. 법에서 정했다 하여 법정 노동 시간이라고 합니다. 만약 노동자가 동의해서 법정 노동 시간을 초과하여 일할 때는 사업주가 더 많은 보상을 해야 합니다. 근로기준법에서는 초과로 일하는 것을 '연장 노동'이라 합니다. 연장 노동 시간에 대해서는 보통 받는 임금의 50% 이상을 더 주도록 정했는데 이것이 '가산 수당'입니다. 시급이 1만 원인 청소년이 법정 노동 시간인 7시간을 초과하여 1시간을 더 일했다면 연장 노동 시간에 대해서는 시급과 가산수당을 합하여 1만 5000원을 받게 됩니다. 그런데 5인 미만 사업장에서 일한다면 안타깝게도 가산 수당을 받기 어렵습니다. 근로기준법에서 5인 미만 사업장에 대해 일부 규정만 적용하도록 정해 놨기 때문입니다. 즉, 5인 미만 사업장은 연장, 야간, 휴일 노동에 대해 가산 수당 지급 의무가 없습니다. 5인인지 아닌지는, 사장을 제외하고 주중, 주말에 '알바'로 일하는 사람과 정규직을 모두 포함해서 평균으로 계산합니다. (체크! 체크! 이것만은 알자!! 2번 참조)

단시간 노동자의 경우 5인 이상 사업장에서 일할 때 근로 계약서에 정한 시간이 법정 노동 시간보다 짧더라도 정한 시간보다 초과해서 일했다면 '가산 수당'을 받을 수 있으니 이것도 꼭 기억하시기 바랍니다.

밤 10시부터 다음날 오전 6시 사이의 노동은 '야간 노동'이라고 합니다. 또, 일주일 중 정해진 날에 모두 일을 하고 난 후, 쉬면서 임금을 받을 수 있는 주휴일에 일했다면 이는 '휴일 노동'이라고 합니다. 우리 법은 야간과 휴일의 노동에 대해 연장 노동과 마찬가지로 50%를 추가로 지급해야 한다고 정하고 있습니다.

청소년 노동자가 일할 때 많이 놓치는 것이 바로 이 '주휴일'입니다. 이 글을 읽는 청소년 중에 월, 수, 금이나 월~목, 아니면 토~일 이렇게 일주일 중 일부만 일하는 경우가 많지요? 그러다 보니 주 5일 근무하고 주말에 쉬는 노동자와 달리 일하는 날에 대해서만 임금을 받는 것으로 생각하는 경향이 있습니다. 하지만 근로기준법에는 일하기로 정한 날에 모두 출근해서 일주일에 15시간 이상 일했다면, 5인 미만 사업장이라도 예외 없이 일한 시간에 비례해서 주휴일을 유급으로 쉴 수 있도록 하고 있습니다. 일주일에 40시간 일한 노동자라면 주휴일에 대해 하루치 임금(18세 미만의 경우 7시간에 해당하는 임금)을 받습니다. 즉, 쉬는 날도 임금을 받아야 한다는 것이에요.

만일 월요일부터 목요일까지 5시간씩 일하기로 했다면 일주일에 20시간 일하는 것입니다. 20시간 일을 했다면 40시간의 50%에 해당하기 때문에 모두 4시간의 유급 주휴일을 보장받을 수 있습니다. 그런데 월~목까지 일한 시간에 대한 임금만 받고 유급으로 보장받아야 할 주휴일에 대한 보상은 모르고 지나가는 경우가 대부분입니다. 근로기준법에서는 "사용자는 근로자에게 1주일에 평균 1회 이상의 유급 휴일을 주어야 한다"고 정하고 있습니다(제55조). 청소년 노동자라고 해서 예외가 아닙니다.

지금까지 살펴본 연장 노동, 야간 노동, 휴일 노동을 모두 합쳐서 '시간 외 노동'이라고 합니다. 이 노동 시간이 서로 겹치는 경우라면 50% 이상씩을 각각 따로 계산해서 합해야 합니다. 예컨대 정해진 시간을 넘어 휴일에 나와 밤늦게까지 일했다면 각각의 수당들이 따로 붙는 것이지요.

떼인 임금 어떻게 해결할까?

> 학교 끝나고 집 들렀다가 5시에 일 나가서 밤 11시에 끝났어요. 토요일엔 오전 11시부터 밤 11시까지 했어요. 일요일엔 쉬고요. 받는 돈은 무조건 시급 6000원이었고요. -재범(가명), 17세.

> (야간이나 연장 수당) 그런 건 없고요. 밤 11시, 12시까지 일한 적도 있어요. 10시 넘어가면 시간 따로 쳐줄 테니까 11시까지만 해달라고 하면서요. 11시까지 하면 5000원(원래 시급)으로 줘요. 그러다 12시까지 하면 그건 서비스로 했다 치라고 하고 30, 40분 더 일한 것도 그냥 넘어가자고 하고.
> -정원(가명), 18세.

샤부샤부집에서 일했던 정원은 그날그날 사정에 따라 연장 노동을 했지만 '서비스로 했다 치고' 정당한 보상을 받지 못했습니다. 시급도 최저 임금보다 낮아서 정원이 '무봉'으로 일한 시간과 30분, 40분 추가로 일한 것까지 포함하면 엄청 늘어납니다.

오토바이 배달을 했던 재범의 경우엔 어떨까요? 재범은 학교 끝나면 5시에 일을 시작하고 밤 11시에 끝났다고 합니다. 그런데 재범이가 받았던 시급은 낮과 밤 차이 없이 시간당 6000원이었습니다. 토요일도 마찬가지고요. 만일 일주일치 수당을 제대로 계산하면 얼마를 받아야 했을까요?

재범이가 하루에 일한 6시간에 대한 임금은 3만 6000원(6시간×6000원)입니다. 그런데 이 중 야간에 일한 시간이 1시간(밤 10시~11시)이니까 6000원의 50%인 3000원 이상(법에서 정한 최저 기준이므로 이 이상이 되어야 합니다)을 수당으로 더 받아야 합니다. 합하면 하루 임금은 3만 9000원이 됩니다. 월요일부터 금요일까지 못 받은 수당은 1만 5000원(3000원×5일)이 되고요.

토요일에는 아침 11시부터 밤 11시까지 12시간을 일했다고 합니다. 보통 시급으로 계산하면 쉬는 시간 1시간이 있다고 가정했을 때 하루 임금은 6

만 6000원(11시간×6000원)입니다. 그런데 여기에 법에 정한 한 주 노동 시간인 35시간을 초과한 6시간에 대한 연장 수당이 1만 8000원(6시간×6000원×0.5) 더해져야 합니다. 또한 밤 10시 이후는 연장 노동이므로 여기에 해당하는 수당 3000원(1시간×6000원×0.5)을 더해야죠. 따라서 재범이가 받아야 할 토요일 임금은 총 8만 7000원이어야 맞습니다.

만약 재범이가 유급으로 쉬어야 할 주휴일에 해당하는 임금(주휴 수당)을 받지 않았다면 여기에 주휴 수당 4만 2000원(7시간×6000원)이 더 붙습니다. 재범이가 만 18세가 넘지 않았기 때문에 주휴 수당을 계산할 때 하루 법정 노동 시간인 7시간을 기준으로 했습니다.

재범이 임금 계산

구분		월~금	토	일(주휴일)
노동 시간		오후 5시~11시	오전 11시~오후 11시	
쉬는 시간		없음	1시간	
시간당 임금(시급)		6000원	6000원	
시급×노동시간 (하루 받는 임금)		① 3만 6000원 =6시간×6000원	③ 6만 6000원 =11시간×6000원	
가산 수당	연장 수당		④ 1만 8000원 =6시간×6000원×0.5	
	야간 수당	② 3000원 =1시간×6000원×0.5	⑤ 3000원 =1시간×6000원×0.5	
하루 임금	받아야 할 임금	3만 9000원(①+②)	8만 7000원(③+④+⑤)	⑥ 4만 2000원 =7시간×6000원
	못 받은 임금	3000원	2만 1000원	4만 2000원

재범이가 시간 외 수당과 주휴 수당을 받지 못하고 일했다면 월요일부터 토요일까지 야간 수당 1만 8000원(3000원×6일), 토요일 연장 수당 1만 8000원, 일요일 주휴 수당 4만 2000원 등 모두 7만 8000원을 덜 받은 셈이 됩니

다. 만일 연장, 야간, 휴일 노동에 대한 가산 수당 지급 의무가 없는 5인 미만 사업장이라면 주휴 수당 4만 2000원을 덜 받은 셈입니다. 그동안 엄청난 임금의 손실을 보고 있었던 것입니다. 이걸 한 달 또는 1년 단위로 치면 어머어마하겠죠?

그렇다면 재범이는 어떻게 해야 할까요? 이미 지난 일이니 속은 쓰리지만 참고 넘어가야 할까요? 아닙니다. 사용자에게 법이 정한 기준을 지키도록 요구하는 게 맞겠지요. 임금을 못 받았거나 적게 받았다면 일하는 도중은 물론이고, 일을 그만두고 나서 3년까지 사업주에게 이를 청구할 수 있습니다. 물론 혼자서 권리 주장을 하기란 여러 가지로 어렵습니다. 그렇다면 비슷한 처지에 있는 노동자들과 힘을 모아 보면 어떨까요? 상담을 통해 도움을 받을 수도 있습니다. 이런 노력이 결실을 맺는다면 나와 비슷한 처지에 있는 다른 청소년 노동자에게도 도움이 되겠지요.

고용노동부에 직접 시정을 요구하는 방법도 있습니다. 노동부에는 근로 감독관이 일하고 있는데, 이들은 근로기준법과 노동관계법을 다루는 경찰관이라고 생각하면 됩니다. 사업장이 있는 지역의 노동지청을 찾아가도 됩니다. 인터넷을 통해 고용노동부 홈페이지에서 민원 접수를 하면 근로 감독관에게 연락이 올 것입니다.

간혹 근로 감독관이 사업주 이름과 주소 등을 구체적으로 물어보면서 접수를 안 받아 주거나 더 알아 오라며 돌려보낼 수도 있습니다. 그럴 때는 나머지는 근로 감독관이 조사해야 할 몫이기에 "○○에 있는 ○○집에서 일하다가 임금을 못 받았으니 해결해 달라"는 정도만 알려도 됩니다. 주눅 들지 말고 당당하게 권리를 찾아보시기 바랍니다.

사업장에서 근로기준법만 제대로 지켜진다면 청소년 노동자가 일하면서 겪게 되는 부당한 대우들이 대부분 없어질지도 모릅니다. 그러나 안타깝게도 현실은 그렇지 못합니다. 청소년들이 직접 나서서 권리를 찾아야 해요.

여전한 외침, "근로기준법을 준수하라!"

전태일이라는 이름을 들어 본 적 있나요? 50여 년 전 청계천 봉제 공장에서 일하는 여공들과 함께 노동인권을 지켜내기 위해 헌신한 분입니다. '근로기준법 화형식'과 함께 분신한 그는 당시 23살의 청년이었습니다. 그때 전태일과 함께 일했던 '여공'들은 나이 어린 여성들이었습니다. 바로 오늘의 청소년 노동자들이죠. 이들은 장시간 저임금 노동에 시달리면서 소위 닭장 같은 좁고 퀴퀴한 공간에서 일했습니다. 전태일은 근로기준법이 제대로 지켜져 이들의 노동인권이 조금이라도 나아지기를 간절하게 바랐던 것입니다.

청계천 버들다리에 가면 전태일이 50여 년 전 모습 그대로 우리를 맞고 있습니다. 2010년 40주기를 맞아 이 다리를 '전태일 다리로 부르기 시작했습니다. 2020년 50주기에는 다리 주변에 기념 동판을 설치하고, 2021년에는 〈태일이〉라는 애니메이션을 제작하는 등 전태일을 기리는 활동이 이어지고 있습니다. 50여 년 전 전태일의 마지막 외침은 "근로기준법을 준수하라"였습니다. 지금의 노동 환경은 그때와 크게 다릅니다만, 근로기준법이 제대로 지켜지지 않는 우울한 현실은 변함이 없는 것 같습니다. 만약 전태일의 외침대로 근로기준법이 제대로 지켜졌다면 재범이가 임금을 제대로 받을 수 있었겠지요.

그런 의미에서 우리도 함께 외쳐 볼까요? "근로기준법을 준수하라!" "사업주들에게 근로기준법을 교육하라!"

한 걸음 더 임금과 수당 편

Q 일할 때 실수하면 얼마를 임금에서 제한다는 규정이 있었나요?

A 네, 있었어요. 그냥 뭐 음식이 식었다고 전화 오거나, 항의가 들어오거나 그러면 시간당 임금을 좀 낮춘다고 했어요. 만약에 5500원이면 항의가 한 번 들어올 때마다 5000원, 4500원, 이런 식으로.

Q 대타로 일하는 사람의 임금을 대신 내라고 한 적도 있어요?

A 대타를 넣으면 그 애가 나 대신 일한 거니까 벌금은 없고요. 다만 내가 못 나갈 때 대타가 없으면 벌금 같은 것은 물었어요.

Q 지각하면 벌금을 문다면서요?

A 네, 우리 가게 규칙은 10분당 1000원이에요.
한 시간이면 6000원이니까 시급보다 많죠.

일하는 청소년 중 수당을 제대로 못 받는 경우가 많습니다. 수당을 제대로 챙겨 받지 못하니 실제로 임금이 더 낮아지는 겁니다. 게다가 벌금이니 '무봉'이니 하면서 이런저런 조건을 내세워 임금을 깎기도 합니다. 그럴 땐 여러분이 배운 내용을 잘 활용해서 당당하게 요구하고 챙겨 받았으면 좋겠습니다. 2021년 11월부터는 임금 구성 항목과 계산 방법 등을 적은 임금명세서 지급이 의무화되었습니다. 임금명세서와 실제 받은 임금과 수당을 비교해 제대로 받았는지 잘 살펴보시기 바랍니다.

☞ 벌금 명목의 임금 삭감은 위법입니다!

사업주가 일하는 청소년에게 벌금이라는 명목으로 임금을 삭감하는 것은 위법한 행위입니다. 취업 규칙이나 단체협약 등에 임금을 깎는 기준을 정한 사업장이라면 그 절차와 범위 내에서 일정 부분 삭감이 가능합니다. 이 경우에도 그 규모는 전체 임금의 10%를 넘지 말아야 합니다. 지각 등의 이유로 임금을 깎는 경우도 마찬가지입니다.

☞ 실제 일한 시간을 기준으로 임금을 받아야 합니다!

체불 임금을 산정할 때에는 원래 일하기로 한 시간이 아닌 실제 일한 시간을 기준으로 계산해야 합니다. 원래 일하기로 했던 시간을 넘기는 경우가 있기 때문입니다. 받기로 한 돈이 최저임금에 못 미치면 최저 임금을 기준으로 계산합니다. 최저 임금보다 적게 받을 경우, 실제로 지급받은 임금과 최저 임금의 차액은 체불 임금이기 때문입니다. 주중, 주말에 일하는 시간이 다를 때는 요일별로 시간을 확인하고 주휴 수당과 연장 노동수당, 야간 노동수당을 빠뜨리지 않도록 합니다.

☞ 임금 체불 내역을 근거로 사업주에게 최저 임금 및 임금 지급 의무를 지키지 않으면 처벌됨을 알려 주세요!

사업주는 최저 임금 이상의 임금을 지급해야 합니다. 노동자가 그만둘 때는 14일 이내에 그동안 일한 임금을 지급해야 합니다. 만약 체불 임금에 대해 사업주가 "돈이 없어서 못 주겠다"거나 "법대로 하라"는 식의 반응을 보이면 같은 사업장에서 일한 사람 중 비슷한 일을 겪은 이와 함께 해결 방법을 찾아 보세요. 혼자보다 여럿이 대응하면 용기도 더 나는 법입니다. 어떻게 해결해야 하는지 방법을 모를 땐 전문 기관의 상담을 받아보세요. 사업주가 체불 임금 지급을 계속 미룬다면 전문 기관의 상담을 받고 전화로 노동부에 진정할 의사가 있음을 알립니다. 사업주가 임금을 지급할 의사가 있음이 확인되면 1~2일 정도 기다려 봅니다. 기다려도 임금을 지급하지 않으면 최종 의사를 확인한 후 진정 절차를 밟습니다. 임금 체불 진정 절차는 다음과 같으니 참고하세요.

※임금 체불 진정 절차

● 진정이란? 노동자가 사용자의 각종 부당한 행위를 고용노동부(근로 감독관: 사법 경찰관 자격) 등 국가 기관에 알리고 당해 위법 사항의 시정 조치를 요구하는 것입니다.

진정서 접수		조사		조사 결과 처리
△ 노동관계법 위반 내용을 사업장 관할 노동지청에 우편 또는 팩스로 접수 △ 노동부 홈페이지에서 접수 가능	▶	접수된 진정 내용의 사실관계와 정당성 확인 (전화, 출석 또는 서면)	▶	△ 진정 내용 노동관계법 위반 없을 때 종결 처리→ 재 진정 가능 △ 진정 내용 노동관계법 위반 있을 때 사업주에게 시정지시→ 시정 거부할 경우 검찰로 넘겨 수사
접수 후 1주일 이내 통보		접수 후 10~14일 이내		접수 후 25일 이내 (1회 연장 가능)

● 진정 절차(처리 기간 25일, 서로 동의하는 경우 1회 연장 가능)

● 진정은 고소·고발에 비해 비교적 신속하게 결론을 볼 수 있으며 고소보다 융통성이 있으므로 법을 잘 모른다고 겁먹지 말고 주민자치센터에 방문하듯이 이용해 봅시다.

※고용노동부 e-고객센터 민원 안내(minwon.moel.go.kr) 홈페이지 하단에 '각종 안내제도'를 클릭하면 '아르바이트 피해 민원 신청'을 할 수 있는 창이 뜹니다.

※수당 산정할 때 도움이 되는 자료

■ 출퇴근 기록부: 회사 내에 출퇴근 시간이 기록되는 서류가 있으면, 매월 단위로 복사본, 사진 등 확보합니다.

■ 자필 기록 또는 스마트폰 앱 출퇴근 기록: 본인 스스로 출퇴근 시간을 기록하는 방법도 있는데, 다른 입증 자료와 함께 사용해야 신뢰성을 높일 수 있습니다.

■ 업무 일지(일일 보고서 등): 회사에서 매일 업무 내역을 일지로 작성하도록 지시한 경우에는 그 일지의 사본을 확보합니다. 회사의 지시가 없는 경우에는 개인적으로 작성하는 방법도 있습니다. 단, 최대한 구체적으로 매일 빠짐없이 작성해서 객관성을 높여야 합니다.

■ 이메일 기록: 사무직이라면, 회사 내 컴퓨터를 통해 퇴근 직전에 이메일을 발송합니다. 이 경우 회사 IP 주소 및 일시를 확인할 수 있습니다. 이메일이나 사내 메신저를 통한 업무 지시·보고 자료 등도 좋은 자료입니다.

■ 교통카드 사용 내역: 회사 근처 버스 정류장이나 지하철역에서 체크된 시간을 기준으로 연장 근무 시간에 대한 간접적인 입증도 가능합니다. 다른 입증 자료와 함께 사용해야 신뢰성을 높일 수 있습니다.

■ 그 외 사업장별 특성에 따른 입증 자료

-출처: 소책자『서비스 노동자를 위한 맞춤 노동법 Q&A』 20쪽.

04 적정한 노동 시간과 휴식 시간

경태(가명)는 고1 때부터 배달 노동을 시작하여 2년 반 가까이 이어오고 있습니다. 하루 평균 5시간, 주말이나 방학에는 12시간씩 일한다고 합니다. 학교 수업을 마치면 바로 일터로 달려가 밤 12시가 다 되어서야 집으로 돌아갑니다. 배달 일이다 보니 늘 위험이 있습니다. 좁은 골목길 살피랴, 자동차 피하랴, 고객과 사업주 요구 살피랴, 경태는 늘 긴장 속에서 일합니다. 집에 돌아오면 피로가 몰려와 쓰러져 잠들기 일쑤입니다. 그래도 내 힘으로 생활비 일부를 대고 있다는 뿌듯함에 고된 노동을 버티고 있습니다.

밤새워 일해도 쥐꼬리인 알바비

2011년 5월 청소년노동인권네트워크는 일한 경험이 있는 청소년을 대상으로 설문 조사와 면접 조사를 진행했습니다. 설문 조사에 응한 665명 중 하루 4시간 이상 일하는 비율은 62.3%로 나타났습니다. 주 5일 이상 일한다는 응답은 53.4%였습니다. 이 수치는 청소년의 하루 노동 시간이 길 뿐 아니라 주중, 주말 상관없이 일하고 있음을 보여 주는 것입니다. 면접에 응한 14명의 청소년은 경태와 마찬가지로 하루 평균 5시간, 주말이나 방학에는 12시간 이상 일했습니다.

근로기준법에서 정하고 있는 만 18세 미만자의 하루 노동 시간은 7시간입니다. 이 시간을 초과해서 일하려면 노동자와 사업주의 합의가 있어야 합니다. 그러면 하루 1시간 연장이 가능합니다. 이때 사업주는 하루 7시간을 초과한 시간(시간 외 노동 시간)에 대해 시급의 50% 이상에 해당하는 가산 수당을 주어야 합니다. 시간 외 노동에 대해 사업주가 보상하도록 정한 이유는 장시간 노동을 제한하고 노동자의 휴식을 보장하기 위해서입니다.

그러나 설문 결과 하루 8시간 이상 일한다고 응답한 비율은 11.7%(78명)에 달해 현실에서 관련 법이 제대로 적용되지 않고 있음을 보여 줍니다. 또한 낮에 학교를 다니면서 일하는 청소년은 야간 노동(밤 10시 이후부터 다음 날 6시 사이)을 하는 경우가 많습니다. 2007년 국제 암연구소(IARC, International Agency for Research on Cancer)에 따르면 심야 노동은 납이나 자외선과 동급인 '2급 발암 물질'입니다. 청소년의 건강을 위해서라도 야간 노동에 대한 실태 파악과 규제가 필요합니다.

임금 벌충을 위해 장시간 노동에 내몰리는 사례는 쉽게 찾아볼 수 있습니다. 낮은 시급을 정해 놓고 일한 시간만큼 임금을 책정하는 방식은 제조업과 서비스업 등의 잘못된 관행입니다. 간혹 언론에서 몇천만 원의 연봉을 들먹이며 귀족 노조 운운하는데, 임금 내역을 살펴보면 실상이 다르다는 사실을 알 수 있습니다. 상당수가 잔업과 특근, 심야 노동 등 시간 외 노동을 합니다. 수당으로 임금을 벌충하기 때문입니다. 최저 임금보다 10원, 20원 많은 시간급을 주는 곳에서 하루 8시간 일한다면 한 달 30일을 쉬지 않고 일해도 150만 원 남짓한 임금을 받습니다. 생계를 위해 필요한 비용을 충당하려면 50% 이상 가산 수당을 받을 수 있는 시간 외 노동과 야간 노동을 할 수밖에 없다는 이야기입니다.

마찬가지로 청소년 장시간 노동의 주범 역시 '초'저임금입니다. 이들에게 최저 임금은 차라리 '최고 임금'에 가깝습니다. 청소년 노동자가 최저 임금을 받고 일할 수 있는 곳이 흔치 않기 때문입니다. 가산 수당은 꿈도 못 꿉니다.

> 최저 임금이나 야간 수당에 대해 알고는 있지만 말하기도 뭐하고…… 그냥 넘겼어요.

> 사장한테 야간 수당 달라고 말하는 게 예의 없어 보이고, 그랬다가는 일 똑바로 안 했잖아 하는 대답이 돌아올 것 같고……

사업주가 표면적으로 최저 임금 수준을 지급한다 해도, 위의 사례처럼 주휴일 수당이나 시간 외 노동, 야간·휴일 노동에 대한 가산 수당을 지급하지 않으면 실질적으로 최저 임금에 못 미치는 임금을 받는 결과가 됩니다. 지각이나 계산 착오 등 노동자의 실수나 잘못을 빌미로 임금을 깎는 일도 많아 실질적인 임금은 더욱 형편없어집니다.

청소년에게도 예외 없이 주 5일제

"노동 운동의 역사는 노동 시간 단축의 역사"라고 이야기합니다. 국제 노동기구(ILO)는 1919년 10월 미국 워싱턴에서 첫 세계 총회를 열었습니다. 여기서 ILO는 국제법 효력을 갖는 협약 여섯 개를 채택했습니다. 제1호 노동 시간(제조업) 협약, 제2호 실업 협약, 제3호 모성 보호 협약, 제4호 야간 노동(여성) 협약, 제5호 최저 연령(제조업) 협약, 제6호 청소년의 야간 노동(제조업) 협약이 그것입니다. 이 가운데 세 개가 노동 시간(야간 노동)과 관련된 것이었습니다. 하루 8시간 노동은 이미 100년 전의 노동인권 기준이었습니다.

우리나라 역시 1953년 근로기준법이 제정된 이래 수많은 노동자의 피땀 어린 노력으로 노동 시간이 점차 줄어 현재 하루 8시간, 한 주 40시간이 기준이 되었습니다. 법이 제정된 지 60년이 지난 2003년 9월 15일의 일입니다. 이때 주 5일 근무를 전제로 한 주의 노동 시간이 44시간에서 40시간으로 개정됩니다. 사업장 규모에 따라 오랜 시간을 두고 차등 적용되었는데 2011년 7월 1일부터는 일하는 사람이 5명 이상인 사업장까지 확대되었습니다. 이에 발맞춰 학교도 모든 토요일이 '놀토'(쉬는 토요일)인 '주 5일 수업'이 도입되었습니다. 문제는 이때 18세 미만에 대한 고려가 없었다는 것이에요.

18세 미만은 하루 노동 시간이 1시간 적습니다. 그런데 바뀐 주 단위 법정 노동 시간은 40시간으로 같았습니다. 그러니 이 기준을 채우려면 하루를 더 일해야 하는 어처구니없는 일이 생긴 것입니다.

18세 미만은 주 6일제가 되는 셈이어서 법정 노동 시간을 단축한 근로기준법의 개정 취지와도 맞지 않았지요. '연소자에 대한 특별한 보호'를 요청하고 있는 헌법에도 어긋나는 일이었습니다.

18세 미만 청소년의 한 주 노동 시간을 35시간으로 바로잡은 것은 2018년 7월 1일부터입니다. 근로기준법 제69조는 노동 시간에 대해 다음과 같이 밝히고 있습니다.

15세 이상 18세 미만인 자의 근로 시간은 1일에 7시간, 1주에 35시간을 초과하지 못한다. 다만, 당사자 사이의 합의에 따라 1일에 1시간, 1주에 5시간을 한도로 연장할 수 있다.

이같이 중대한 잘못을 바로잡지 않고 오랫동안 둔 것은 그만큼 우리 사회가 청소년 노동에 대해 무감하다는 점을 보여 줍니다.

우리 사회에 주 5일제가 정착되고 있음에도 경태의 사례처럼 주중뿐 아니라 주말까지 쉬지 못하고 일하는 청소년이 많습니다. 장시간 노동과 가산 수당조차 제대로 받지 못하는 지금의 현실에서 무엇보다 중요한 것은 헌법과 근로기준법에서 보장하는 '연소자에 대한 특별한 보호'를 제대로 실현하는 것입니다.

바뀐 법에 따라 하루 7시간이나 주 35시간을 초과한 시간에 대해 사업주는 가산 수당을 줘야 합니다. 그러나 아쉬운 점은 5인 미만 사업장인 경우 사업주에게 가산 수당을 줄 의무가 없다는 것입니다. 한 주 노동 시간 기준을 35시간으로 바꾼 것은 성장기에 있는 청소년의 장시간 노동을 막아 건강을 보호하자는 의미가 큽니다. 사업장 규모에 따라 다르다면 소용없겠죠. 5인 미만 사업장에도 가산 수당 지급 의무가 있어야 장시간 노동으로부터 청소년 노동자를 제대로 보호할 수 있습니다.

청소년 노동–'보호'와 '통제' 사이

청소년을 보호하겠다는 명분으로 제정된 법이 오히려 노동 상황을 나쁘게 만드는 예는 또 있습니다.

여성가족부는 '인터넷 셧다운제'를 도입하면서 '일반 게임 제공 업체(PC방)'와 '복합 유통 게임 제공 업체'를 청소년 출입 및 고용 금지 업종으로 지정합니다. 그런데 청소년게임 제공 업소에 대해서는 '출입은 허용'하지만 '고용은 금지'한다는 애매한 기준을 정한 것입니다. 그 이유에 대해 여성가족부는 "청소년이 근로 중에 흡연 공간에 출입해야 한다는 점이 가장 큰 지정 사유이며, 재떨이 청소 등이 청소년에게 흡연 욕구를 심어 줄 우려가 있기 때문"이라고 밝혔습니다.

흡연이 문제라면 PC방의 전면 금연화가 시행된 2013년 6월 7일부터 해당 법안은 수정이나 폐기되어야 합니다. 그럼에도 청소년들은 여전히 PC방에서 일할 수 없습니다. 이에 대해 여성가족부는 "성인의 PC방 이용률이 높다는 점을 감안하면 근로 중 청소년 이용 불가 게임물의 시연 장면에 지나치게 많이 노출"될 수 있다며 여전히 고용 금지를 고수하고 있습니다. 그만큼 일할 수 있는 곳이 줄어든 것입니다. 일자리 부족은 청소년들이 장시간 저임금의 일을 계속하게 되는 주요 요인이기도 합니다.

청소년보호법상 만 19세 미만자 취업 금지 업소

청소년 출입·고용 금지 업소	청소년 고용 금지 업소
일반게임 제공업소, 복합유통게임 제공업소, 노래방(청소년실을 갖춘 노래 연습장의 경우에는 청소년실에 한해 출입 허용), 사행행위영업, 무도학원업 및 무도장업, 단란주점, 유흥주점 등 (청소년보호법 제2조 및 시행령 제5조)	숙박업(콘도미니엄 등 제외), 이용업, 목욕장업 중 안마실을 설치하거나 객실로 구획하여 하는 영업, 유독물 제조·판매·취급업, 티켓다방, 주류 판매를 목적으로 하는 소주방·호프·카페 등 형태의 영업, 비디오물 소극장업, 청소년게임 제공업소, 인터넷 컴퓨터 게임시설 제공업소 등 (청소년보호법 제2조 및 시행령 제6조)

보시면 '출입·고용 금지' 업소와 '고용 금지' 업소가 나뉘어 있습니다. 청소년 고용 금지 업소는 유해하니 거기서 일은 할 수 없지만 출입은 가능하다는 논리에 고개가 갸우뚱해집니다.

또한 근로기준법상 18세 미만자의 고용 금지 업종은 '고압 작업 및 잠수 작업' '운전·조정 업무' '다른 법률에서 18세 미만 청소년의 고용이나 출입을 금지하고 있는 직종이나 업종' '교도소 또는 정신병원에서의 근무' '소각 또는 도살 업무' '유류를 취급하는 업무(주유 업무는 제외한다)' '2-브로모프로판을 취급하거나 노출될 수 있는 업무' 등입니다.

그런데 이 규정 자체에 모순도 있습니다. 예컨대 유류를 취급하는 업무는 청소년에게 유해한데 주유 업무만은 가능하게 해놓다니 이상하지 않나요?

법상 기준 연령이 들쭉날쭉한 것도 문제입니다. 청소년을 정의할 때 청소년보호법은 '만 19세 미만'자인 데 반해 근로기준법은 '만 18세 미만'으로 하고 있습니다. 이는 법 적용 과정에서 혼동을 유발합니다. 우리 사회가 청소년을 '보호'하는 데 얼마나 허술하고 그 기준이 작위적인지를 알 수 있어요.

금지와 통제를 목표로 삼는 이러한 규정들은 어리다는 이유로 권리를 침해하고 있습니다. 더 큰 문제는 이것이 실질적으로 청소년들의 노동 환경을 개선하고 보다 나은 일자리를 만드는 데 아무런 도움이 되지 않는다는 거예요. 정말 청소년 고용 금지 업소로 지정할 만큼 청소년에게 '유해'하다면 그 유해한 환경을 바꾸는 노력을 해야 합니다. 만일 청소년에게 하루 7시간 이상의 노동이 '유해'하다면 그 이상 일을 하지 않아도 되도록 법을 정비하고 더 일했을 때는 보상을 제대로 받게 해야죠. 무엇보다도 청소년들이 건강한 환경에서 걱정 없이 일하고 정당한 대가를 받을 수 있도록 제도적으로 뒷받침해야 합니다. 무조건 막는다고 해서 해결될 일이 아니라는 거예요.

한 걸음 더

노동 시간, 휴게 · 휴가 편

Q 마트에서 얼마나 오래 일했어요?

A 고1 때부터 했으니까 거의 2년, 2년 반이요. 수업이 있을 때는 한 5시간 정도 하고, 주말이나 방학 중에는 아침부터 시작해서 밤 11시 반에 마치고 집에 오죠.

Q 퇴근 시간은 잘 지키나요?

A 9시 20분이 원래 퇴근 시간인데 11시 넘어서까지 일했었어요. 문 닫고 정리하는 건 일하는 시간에 포함되지 않고요.

Q 연차 휴가가 있나요?

A 그런 건 없는데요.

법으로 노동 시간을 정한 이유는 노동자의 충분한 휴식을 보장하기 위해서입니다. 안 그러면 노동자들이 혹사당하며 건강을 해치는 일을 막을 수 없습니다. 불가피하게 좀 더 일을 시켜야 할 경우 사업주는 노동자의 동의를 받아야 하고 늘어난 시간에 대해 보상해야 합니다. 청소년의 야간 노동이 불법이라는 사람들이 있습니다. 청소년이 야간에 일하는 것이 불법이기 때문에 야간 노동에 대한 수당을 못 받거나 부당한 일이 있어도 참고 넘어갔다고 이야기합니다. 정확하게 말하면, 청소년 노동자의 동의와 노동부장관의 인가 없이 야간 노동을 시키는 사업주의 행위가 불법입니다. 일하는 사람은 죄가 없다는 뜻입니다.

우리의 법은 노동자가 일하면서 쉬어야 할 권리를 하루, 일주일, 한 달, 1년 단위로 보장하고 있습니다. 하루 중 휴게 시간, 일주일 중 주휴일, 한 달 단위의 생리 휴가, 한 달 또는 1년 단위의 연차 휴가 등이 이에 해당합니다. 일하면서 노동 시간과 임금을 따져 보듯이 쉴 권리도 따져 보아야 합니다. 눈치 볼 일이 아니라 당연한 권리라는 인식이 필요해요.

☞ 18세 미만인 자의 법정 노동 시간은 하루 7시간, 한 주 35시간!

근로기준법상 일할 수 있는 나이는 15세 이상이며, 18세 미만의 경우 노동 시간, 야간·휴일 규정 등의 요건을 강화하여 정하고 있습니다. 앞서 말씀드렸듯이 18세 미만 노동자의 법정 노동 시간은 하루 7시간 일주일 35시간입니다. 이 시간을 초과해서 일하려면 당사자의 동의가 있어야 하고 하루 한 시간 한 주 5시간 범위에서 연장이 가능합니다. 물론 현실에서는 이보다 더 오래 일하는 경우가 많습니다. 거듭 이야기하지만 이는 사업주의 불법 행위이므로 이를 이유로 연장 노동 시간에 대한 수당을 받지 못하는 것이 아닙니다. 사업주는 모든 연장 노동에 대해 실제 일한 시간을 기준으로 50% 이상의 가산 수당을 지급해야 합니다.

☞ 손님이 없는 대기 시간, 일을 준비하고 마무리하는 시간 등은 모두 노동 시간

원래 하기로 한 시간보다 일을 더 했는데도 이를 노동 시간으로 치지 않는 경우가 많습니다. 고작 3, 40분인데 뭘 그런 걸 따지느냐며 '서비스'로 넘어가자고도 합니다. 이것은 엄연한 노동에 해당하므로 사업주는 이에 대한 임금을 지급해야 합니다. 그러지 않으면 임금 체불입니다.

그리고 손님이 없어서 대기하는 시간, 일을 준비하거나 마무리하는 시간도 모두 노동 시간에 포함됩니다. 이를 '대기 시간'이라고 합니다. 대기 시간도 노동 시간입니다. 사업장을 벗어나지 못하고 사업주의 지시와 감독 아래 있기 때문입니다. 이를 휴게 시간으로 보고 임금에서 제외하면 안 됩니다.

※법정 노동 시간, 소정 노동 시간과 실노동 시간 구분

법정 노동 시간: 법에서 정하고 있는 노동 시간이라는 의미로 근로기준법 제50조(18세 이상, 1일 8시간, 1주 40시간), 제69조(15세 이상 18세 미만, 1일 7시간, 1주 35시간) 산업안전 보건법 제46조(유해 위험 작업-1일 6시간, 1주 34시간)에서 정하고 있습니다.

소정 노동 시간: 법정 노동 시간의 범위 내에서 사업주와 노동자가 정하는 노동 시간으로서, 예컨대 저녁 7시에서 저녁 11시까지 노동하기로 하였다면 소정 노동 시간은 하루 4시간이 됩니다.

실노동 시간: 실제로 출근해서 퇴근하기까지 일한 시간으로 소정 노동 시간과 구분됩니다. 대기 시간, 준비 시간, 정리 시간 등도 실노동 시간에 포함됩니다. 임금 산정은 실노동 시간을 기준으로 합니다.

☞ 휴게 시간, 주휴일, 연차 휴가 꼭 챙기세요!

우리 법에서는 하루 4시간 일한다면 30분 이상의 휴게 시간, 하루 8시간 일한다면 1시간 이상의 휴게 시간을 보장합니다. 사업주의 임금 지급 의무가 없는 만큼 휴게 시간은 노동자가 자유롭게 이용할 수 있는 시간입니다.

주휴일은 일하지 않아도 급여를 받는 날입니다. 일주일에 15시간 이상 일하고 개근을 했다면 주휴일을 적용받습니다. 주휴일이 적용되는지 안 되는지는 일주일에 15시간 이상 일했는지 여부와 일하기로 한 날 개근했는지가 중요합니다. 하루에 4시간씩 주 3일을 일한 A와 토·일요일에 하루 10시간씩 일한 B가 있다면 B의 경우 주15시간 이상 일한 경우에 해당되어 주휴일이 적용되는 식입니다. 주휴일에 쉬면서 받는 급여를 주휴 수당이라고 합니다.

같은 일터에서 1년 이상 일했다면 연차 휴가를 누릴 수 있습니다. 1년 이상 일했으나 80% 미만을 출근했거나, 일한 기간이 1년이 안 된 노동자도 한 달을 개근하면 하루의 연차 휴가를 쓸 수 있습니다. 연차 휴가를 쓰지 못하고 퇴사한 경우라면 연차 휴가 수당을 꼭 챙기세요. 단시간 노동자도 노동 시간에 비례해서 연차 휴가를 받을 수 있습니다. 연차 휴가를 사용하지 못하고 그만두었다면 연차 휴가 수당을 꼭 청구하세요.

1년 이상 일한 노동자 연차 휴가 일수

근속연수	1년	2년	3년	4년	5년	6년	…	21년	25년	30년	…
연 휴가 일수	15		16		17		…	25			
			※3년 차부터 2년에 한 개씩 증가				…	※근속연수 늘어도 25개 이상 늘지 않음			

*1년에 80% 이상 출근하면 연차 휴가 15개 발생, 2년 마다 1개씩 늘어나서 총 25개 발생함.

1년 미만 일한 노동자 연차 휴가 일수

날짜	2015년 7/1	…	2015년 12/1	…	2016년 5/1
누적 휴가 일수	1	…	6	…	11

*2015년 6월 1일 입사자 개근 기준. 한 달 개근하면 한 개의 연차 휴가를 다음 달에 사용 가능함.

05 '알바'에 대한 예의, 존엄을 허하라!

"요카지 마라!"

이것은 모 대학의 청소 노동자들이 제시한 요구 사항입니다. 배움의 문턱을 제대로 넘어 본 적 없는 여성 노동자들이 맞춤법을 틀려 가며 삐뚤빼뚤 눌러쓴 것이지요. 생애 처음으로 노동조합을 만든 이 대학의 청소 노동자는 대부분 고령의 여성이었습니다. 이들이 그동안 관리자로부터 어떤 모욕을 당해 왔을지 짐작할 만합니다.

우리 사회에서 청소 노동을 하는 중장년 여성을 대하는 태도에는 여러 가지 차별적인 요소들이 숨어 있습니다. 우선, 직업에 따른 차별입니다. 노동자가 하는 일을 역할의 차이로 보는 것이 아니라 마치 그 사람의 인격인 양 대하는 것이지요. 어떤 일을 하느냐에 따라 사람을 무시하거나 우러러봅니다.

다음으로 나이에 대한 차별입니다. 우리 사회에는 고령 노동자의 업무 수행 능력을 무조건 낮춰 보는 경향이 있습니다.

마지막으로 서비스 노동에 대한 편견입니다. 편의를 돕는 일을 하는 것뿐인데 마치 이들을 '하인' 부리듯이 하는 사람들이 있죠. 오늘날 청소 노동을 하는 중장년 여성들의 처한 현실은 이런 차별이 중층적으로 작용한 결과라고 할 수 있습니다.

"아저씨, 왜 욕하세요?"

청소년 노동자는 어떨까요? 고령 노동자와 마찬가지로 나이 때문에 업무 능력을 과소평가합니다. 청소년의 저임금을 당연시하는 태도는 바로 이런 편견에서 비롯합니다. 임금도 임금이지만 반말과 폭행, 협박 등도 비일비재합니다. 이러한 환경에 자주 노출된 청소년들은 자연히 자존감이 낮아지겠지요. 정신적인 피해를 입게 됩니다.

사람은 누구나 나이, 성, 인종, 사회적 출신 등에 관계없이 평등하게 대접받을 권리가 있습니다. 청소년 노동자도 마찬가지이지요. 그런데 실제로 일하는 청소년을 만나 보면 하나같이, 사장이 막 대하는 것 같다, 무시한다, 차별한다, 조건에는 나이 무관이라 해 놓고 막상 면접 보러 가면 안 뽑는다는 식의 이야기가 많이 나옵니다. 그만큼 현실에서 청소년에 대한 차별이 많다는 것이에요.

> 주위에 유흥가가 많아요. 술 깬다고 패스트푸드점에서 햄버거 사 드시는 분이 계신데요. 카운터 알바생들한테 막말도 하고요. 돈도 그냥 주면 되는데 던져서 주는 사람도 있고, 자기보다 어리다고 반말하는 손님도 있고요.

> 하도 그런 일이 많으니까, 나는 여기 그냥 일하러 온 거야, 내 인격 따윈 없는 거야 하면서 마음을 확 비우고 일해요.

일자리를 구하기 어려운 청소년 노동자가 힘들다고 그 자리를 박차고 나가기란 쉽지 않습니다. 더 나은 일자리가 있다는 확신이 있는 것도 아니기에 현재 일하는 곳에서 겪는 모욕감을 참고 버티는 경우가 많습니다. 일하는 동안 "내 인격 따윈 없는 거야"라는 체념과 함께.

나이 차별–청소년 노동의 첫 번째 장애물

우리 사회에서 나이는 암묵적인 권력으로 작동합니다. 일자리와 관련해서 나이는 취업 기회를 막거나 차별하는 도구로 작용하곤 합니다. 나이 차별을 금지한 법들이 고용 관계에서 먼저 만들어진 것은 우연이 아닙니다. 다음 기사를 한번 볼까요.

> 한국전기통신공사에서 전화 교환원으로 근무하던 김영희 씨는 1982년 12월 정년퇴직 명령에 불복하여, 교환원의 정년을 '43세'로 정한 인사 규정은 남녀 차별 금지를 규정한 근로기준법에 어긋난다며 정년퇴직 무효 확인 소송을 낸다. 당시 공사의 인사 규정에 따르면 일반직 정년은 55세인 반면, 교환원의 정년은 43세였다. 남성도 교환원이 될 수는 있었으나 전체 교환원 7480명 중 남성은 3명에 그칠 정도로 교환원은 사실상 여성만의 직종이었다. 이에 대법원은 사실상 여성 전용 직종인 교환원의 정년을 합리적인 이유 없이 다른 분야에 비해 부당하게 낮게 정하여 여성 근로자를 조기 퇴직하도록 한 인사 규정이라며 무효 판결을 내린다. -"한국을 바꾼 시대의 판결" 남녀 정년 차별 소송, 〈여성신문〉 2010년 5월 7일.

유독 여성만 43세가 되면 업무 능력이 떨어지나요? 성차별과 나이 차별이 동시에 이루어진 사례입니다. 다른 예도 있습니다. 2010년 국가인권위원회는 KBS가 신입 코미디언을 모집하면서 나이를 '18~30세'로 정한 것은 차별이라며 이에 대해 시정할 것을 권고합니다. 그 이유로 "신인 코미디언으로서의 능력 보유 여부는 연령에 의해 일률적으로 재단할 수 없다"며 "신인은 방송 활동을 처음 시작한 사람을 의미하는 것이지 반드시 나이가 젊은 사람이어야 하는 것은 아니다"는 것을 듭니다. 결국 KBS는 이 권고를 받아들여 나이 제한을 없애지요.

상식적으로 생각해도, 사람을 웃길 수 있는 나이가 정해져 있는 건 아니잖아요. 업무 능력은 나이 차이보다는 개인의 특성에 따른 차이로 보는 것이 맞습니다. 우리나라에서 연령 차별 금지법(고용상 연령 차별 금지 및 고령자 고용 촉진에 관한 법률)을 통해 직원을 모집·채용할 때나 고용을 유지한 상태에서 나이를 이유로 차별하는 것을 법으로 금지하는 이유입니다.

우리 사회에서 나이 차별은 뿌리가 깊습니다. 『페미니즘 사전』(리사 터틀 지음, 1999년)은 나이 차별에 대해 "연령으로 인해 사람을 낮게 평가하고 차별하는 행위를 말한다. 남성도 노인 차별을 받는 경우가 있으나 여성이 받는 경우가 더 많으며 성차별주의의 한 형태로 간주된다. 여성의 가치를 남성 측에서 바라본 성적 매력으로 가늠하는 사회이기에 필연적으로 일어난다"고 말하고 있습니다. 나이 차별이 성차별과 연관이 있다는 것입니다. 청소년이 일하는 현장에서 벌어지는 각종 차별은 이러한 맥락을 크게 벗어나지 않는 것 같습니다.

우리나라는 근거가 불명확한 '건장한 남성'을 선발 기준으로 삼는 곳이 많습니다. 은연중에 연소자와 고령자, 장애인, 여성의 능력은 낮게 평가되고 노동의 권리에서 배제되는 것이지요. 정규직과 비정규직, 관리직의 서열, 남성과 여성, 직접 고용과 간접 고용 등 현장에서 빚어지는 수많은 차별은 나이가 어릴수록 더욱 심해집니다.

> 저희가 어른들만큼 사회 경험이 없잖아요. 저희 말고도 일할 사람들 많고요. 그래서 사장님이 좀 쉽게 생각하는 것 같아요. 시키는 대로 일이나 하라는 거죠.

> 이어폰을 끼고 일을 하는데 "XX야 제대로 안 해?"이런 욕이 들려요. 돌아보면 아르바이트하는 애가 차장(관리자)한테 혼나고 있어요. 어른 대할 때랑은 태도가 완전히 달라요.

실업 문제는 전 연령대에 걸쳐 심각한 상황입니다. 주유소, 편의점, 패스트푸드점에서 10대, 20대 못지않게 중장년을 자주 볼 수 있습니다. 일할 사람이 줄을 섰으니, 다른 조건 볼 것 없이 딱 최저 임금 수준만 돼도 괜찮은 일자리가 되는 것이 현실입니다. 하지만 사회 경험 운운하며 청소년의 저임금을 당연시한다면 저임금을 받는 중장년은 뭔가요? 그분들은 경험이 많으니 훨씬 많이 줘야 하는 거 아닌가요? 나이가 어리니까 적게 줘도 된다는 주장은 핑계입니다. 법적 근거도 없고요. 나이가 많든 적든 일할 때 그 어떤 차별을 받아서는 안 됩니다. 일할 때 사업주나 동료, 상급자들이 청소년을 '어른과 다르게 대우하는' 일은 없어야 해요. 그것은 자칫 일상적인 폭언, 폭행이나 부당 노동 행위로 이어질 수 있기 때문입니다.

차별이 폭력을 낳는다

> 원래 우리는 기름 넣는 것만 하면 되는데 자꾸 다른 일을 시켜요. 어떤 때는 지하실 물 푸는 것하고 하수구 청소까지 해요. 진짜 힘든 일 엄청 많이 시켰어요.

> 주방에서 설거지하시는 분이 사정이 생겼는지 그만뒀는데, 사람을 새로 안 뽑고 우리 알바생들한테 돌아가면서 시켰을 때, 그게 제일 싫었어요.

> 기름총 쏘다가(주유하다가) 몇 방울 흘렸어요, (호스) 안에 남아 있는 걸 털다가. 직원 중 하나가 그걸 보더니 손님 차가 빠지자마자 제 허리를 걷어차는 거예요. 진짜 아파서 죽겠는데 사장은 외려 저를 혼내요. 어린놈 받아 줬더니 일을 그따위로 하면 어떡하느냐는 식으로.

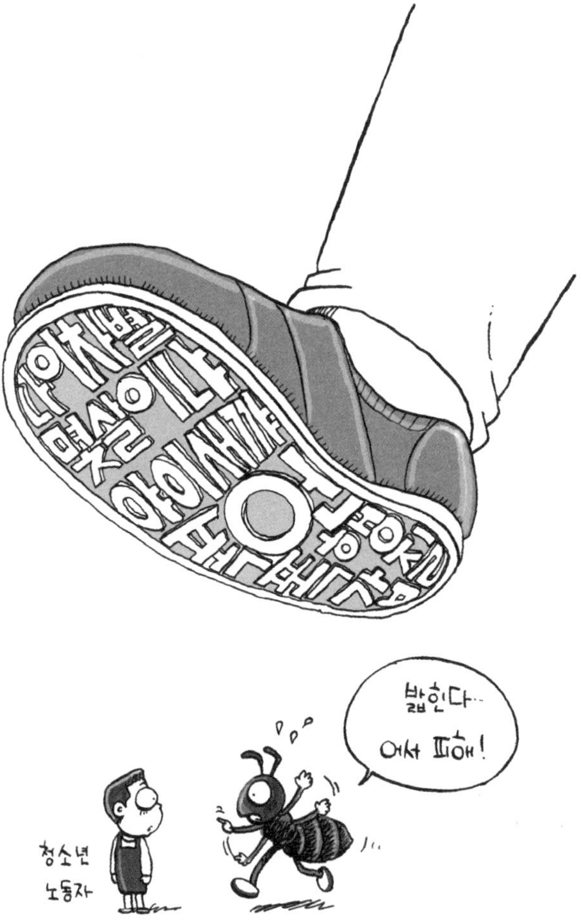

현장에서 청소년 노동자는 다양한 폭력에 노출되어 있습니다. 하수구 청소, 음식물 쓰레기 버리기, 설거지 대신하기, 개밥 주기 등 나이가 어리다는 이유로 온갖 허드렛일을 강요하며 모욕감을 주기도 합니다. 이런 행위들이 숙련을 위한 과정으로 포장되고 이에 응하지 않거나 사소한 실수가 있으면

'길들이기' 폭력이 수반됩니다. 이러한 폭력은 청소년의 인격과 신체를 훼손하고 마음에 깊은 상처를 남깁니다. 실제로 사업주나 관리자에게 손찌검을 당하거나 욕설을 들어야 했던 청소년 노동자 대부분은 수치심과 공포를 견디며 일하고 있었습니다.

> 저희는 손님을 고객님이라고 불러야 하거든요. 그런데 이걸 깜빡하고 그냥 손님이라고 할 때가 있어요. 그러면 나중에 관리자가 욕을 해요. 등짝을 때리기도 하고요. 저는 패스트푸드점은 원래 그런가 보다 했죠.

> 지각했다고 손님 앞에서 팔 들고 서 있으라고 해요, 한두 시간을요. 벌 받으면서 진짜 빨리 그만두고 싶다는 생각만 들었어요.

> 계산을 하려면 손님이 직접 카드를 리더기에 대야 해요. 그런데 귀찮다고 저한테 집어던지는데 정말 그럴 땐 기분 나쁘죠.

이 정도면 가히 인격 모독, 학대 수준입니다. 서비스 노동에 대한 잘못된 인식과 나이 어린 사람에 대한 사회적 무시가 그 배경에 있고요. 일하는 사람을 마치 하인이나 화풀이 대상쯤으로 여기는 것 같습니다. 손님들 반말은 예사지요. 문제는 고객과의 충돌이 있을 때, 사업주들은 자초지종을 따져보지도 않고 고객 편만 든다는 것입니다. 일하는 청소년의 상태보다 자기한테 미칠 손해를 따지기 때문입니다.

청소년 노동에 존엄을 허하라!

우리나라는 나이를 많이 따집니다. 나이에 대한 편견은 너무 깊고 상대적이어서 나이가 적다는 이유로 혹은 많다는 이유로 겪는 일들을 생각해 보면 나이에 따른 편견에서 자유로운 사람은 없어 보입니다. 우리 사회에서는 나이가 적다는 것은 불리한 조건입니다.

앞서 예처럼 폭력이나 차별, 각종 모욕에 노출되기 십상이지요. 특히 감수성이 예민한 사람에게 이런 폭력은 매우 심각한 피해를 줍니다. 때론 극단적인 선택을 하게 되는 이유가 되고요. 한편으로 청소년 노동의 이런 열악한 현실은 노동에 대한 왜곡된 관념을 심어 줄 수 있습니다. 노동은 힘들고 더러운 것, 혹은 고통스러운 것이라는 생각부터 하게 될 테니까요.

일을 하다가 힘들고 부당한 일을 겪었을 때, 올바른 사회라면 이들의 이야기를 경청할 수 있어야 합니다. 그런데 아쉽게도 아직 우리 사회는 일하는 청소년이 겪는 부당한 일에 경청할 준비가 되어 있지 않습니다. 그 시작을 일하는 청소년이 일터에서 겪는 신체적, 정신적 폭력 상황에 먼저 관심을 갖는 것으로 하면 어떨까요?

한 걸음 더 폭언 · 폭행과 감정 노동 편

Ⓠ 욕이나 폭력은 없었어요?

Ⓐ 소장님이 좀 막 대했어요. 욕은 밥 먹듯이 하고요. 때릴 때도 있었는데요. 머리를 잡아끄는 거, 발로 때리거나 손으로 때리거나. 기분 나빴어요.

Ⓠ 배달하면서는 어땠어요?

Ⓐ 폭력은 없었는데, 주문이 밀리거나 배달이 늦을 때 욕을 했어요. "야 이 새꺄! 배달하는 데 왜 이리 오래 걸려? 딴 데로 새는 거 아니냐?" 이런 식으로요.

노동자는 일하는 동안 평등한 관계보다는 위계 관계에 놓이기 쉽습니다. 직급, 고용 형태, 나이, 성별, 경력 유무에서 비롯되는 위계 관계에 따라 차별과 폭언·폭력이 일어나기도 합니다. 사업주가 고용한 청소년을 벌주거나 체벌하는 사례가 여기에 해당합니다. 사업주 중 일부는 임금을 주고 고용하는 노동자의 인격마저 샀다고 잘못 생각합니다. 이런 생각이 옳다고 믿는 사업주가 청소년 노동자를 대하는 것을 보면 가정과 학교에서 벌어지는 폭력적인 훈육 방식과 유사합니다.

폭언·폭력과 함께 감정 노동도 청소년을 힘들게 하는 요인입니다. 내 감정 상태와 상관없이 친절과 웃음을 강요당하는 것을 감정 노동이라고 합니다. 손님들로부터 반말이나 욕을 듣거나 관리자로부터 비인격적이고 모욕적인 대우를 받으며 일하는 동안 몸과 마음은 번아웃(burn-out, 소진)되어 버리기도 합니다.

사회학자의 말을 빌리면 모욕은 '정서적 폭탄'이라고 할 정도로 깊은 상처를 남긴다고 합니다. 임금을 덜 받고 장시간 일하면서 몸을 혹사당하는 것도 고통이지만 일상적인 모욕과 괴롭힘은 청소년 노동자의 노동인권을 침해하는 가장 큰 요인이 되고 있습니다.

☞ 일하다 실수했다고 사업주가 욕을 하거나 괴롭히고 폭행하는 것은 위법입니다

노동자는 존중받으며 일할 권리가 있습니다. 사업주의 욕설 및 폭력으로 고통을 겪고 있다면 존중받는다고 볼 수 없겠지요? 근로기준법은 노동자가 실수했다는 이유 등으로 폭행을 한 사업주에게 5년 이하 징역 또는 3000만 원 이하의 벌금에 처하는 무거운 처벌 규정을 두고 있습니다. 이를 근거로, 폭행당한 노동자는 고용노동청 또는 경찰서에 진정 또는 고소할 수 있습니다. 폭행이 발생한 경우에는 이를 증명할 수 있는 자료로써 동료 노동자의 증언이나, 폭력 상황을 적은 확인서 등이 도움이 됩니다.

관리자나 동료가 욕설과 막말을 하거나 일 못한다고 사사건건 트집 잡아 괴롭히는 행동을 보인다면 물리적인 폭력에 비해 대응하기 쉽지 않은 것이 현실입니다. 욕설과 막말, 괴롭힘이 일어나지 않도록 예방하고 사후 조치를 적극적으로 하는 조직 문화가 없다면 개인의 노력으로 문제를 해결하는 것은 어렵기 때문입니다. 2019년 7월부터는 5인 이상 사업장에서 노동자에게 신체적·정신적 고통을 주거나 노동 환경을 악화시키는 것을 직장 내 괴롭힘으로 보아 금지하고 있습니다. 사업주와 사업주 친인척이 노동자를 괴롭혔다면 1천만 원 이하의 과태료를 내야 하고, 피해 발생 후 제대로 조치를 하지 않으면 500만 원 이하의 과태료를 내야 합니다. 또, 피해 사실을 신고하거나 피해자에게 불이익을 준다면 3년 이하의 징역 또는 3천만 원 이하의 벌금으로 무겁게 처벌합니다. 피해 사실을 조사할 때는 피해자의 개인 정보가 알려지지 않도록 해야 합니다. 막말과 폭행, 직장 내 괴롭

힘으로 인한 스트레스가 깊어져 치료가 필요하다면 근로복지공단에 노동 재해로 신청해 볼 수 있습니다.

☞ 감정 노동으로 인한 우울증 등의 피해는 노동 재해에 해당합니다.

서비스 노동자에게 무리한 요구를 하고 지나친 인격 모독을 한 사건이 많이 있었습니다. 언론에 나온 것만 해도, 항공기 내에서 승무원에게 라면을 끓여 오라며 행패를 부렸던 '라면 상무', 서비스 매뉴얼대로 하고 있느냐고 추궁하며 비행기를 회항시켜 물의를 빚었던 '땅콩 회항' 사건, 자신을 무시했다며 주차 관리 노동자의 뺨을 때려 공분을 샀던 '백화점 모녀' 사건 등이 있지요. 이들은 소위 고객의 '갑질'로 서비스 노동자에 대한 폭언·폭행 또는 모욕 주기라는 공통점이 있습니다.

서비스 노동자는 대표적인 감정 노동자입니다. 서비스 노동자는 슬프고 화가 나도 참아야 하는 경우가 많습니다. 자신의 감정과 무관하게 웃어야 하고, 고객의 얼토당토않은 요구에 응해야 하지요. 스트레스를 받을 수밖에 없습니다. 이로 인해 우울증이나 대인 기피증 같은 병에 걸렸다면 업무상 질병 즉 노동 재해에 해당합니다.

사업주가 임금을 준다는 이유로 노동자의 인격을 산 것처럼 행동하는 것이 잘못인 것처럼 소비자가 물건 또는 서비스를 구매하면서 서비스를 제공하는 노동자의 인격까지 구매했다고 착각하며 무리한 요구를 하는 행동은 고쳐야 합니다. 일하는 사람이 건강하게 일할 수 있는 노동 환경은 사업주, 그 일터를 이용하는 고객, 거래처 직원 등이 함께 만드는 것입니다.

06 가벼운 성희롱은 없다

> 여성 청소년이 노동을 한다는 것은, 안 그래도 '밑바닥'인 청소년 노동에서 한참 더 내려가야 할 것 같은 느낌이다. 토 나올 것 같은 손님을 만나도 생글생글 웃어야 하고, 주급 더 줄 테니 애인이 되어 달라는 마초 아저씨들의 더러운 말을 시도 때도 없이 들어야 한다. -탈학교 사무 보조 여성 청소년

"사장이 자꾸 스킨십을 해요"

월급날, 월급을 더 올려 주겠으니 애인이 되어 달라는 말을 아무렇지 않게 하는 어른들의 태도는 학교에 다니지 않는 여성 청소년을 대하는 우리 사회의 편견을 고스란히 드러내고 있습니다. 그들은 '학교도 안 다니는 문제아' 취급당하기 일쑤인 탈학교 청소년이 일자리를 구하기가 어려울 것이라는 사실을 잘 알고 있었을 겁니다. 그러니 쉽게 그만두지 못하리라는 것도요. 탈학교, 여성, 청소년이라는 '약점'을 이용하고자 한 것이지요. "애인이 되어 달라"는 말은 연애 감정과 성폭력을 구분 못 하는 전형적인 남성 중심적 사고에서 비롯합니다. 불행히도 우리 사회 어디서든 쉽게 만날 수 있는 태도이지요.

> 사장이 자꾸 스킨십을 해요. 딸같이 여겨져서 그런다면서 팔 같은 데를 만지고 허리를 감싸고……. 처음에는 얼어서 말도 못 하다가 나중엔 짜증이 나서 하지 말라고 했는데, 그래도 계속했어요. 관리하는 고모님은 우리 편을 들어주기는커녕 사장님이 이런다고 신고할 거 아니지? 해요. 못 들은 척하고 일만 했어요. -식당 시간제 노동 여성 청소년

식당에서 시간제로 일했던 여성 청소년이 사장에게 지속적으로 성희롱을 당했습니다. 처음엔 왔다 갔다 하다가 우연히 부딪힌거라 생각했다고 해요. 그러다 사장이 의도적으로 스킨십을 한 것이라는 걸 뒤늦게 알았다고 합니다. 신체적 접촉에 의한 성희롱은 처음엔 알아차리기 어려울 때가 많습니다. 내가 그동안 겪을 일이 성희롱이었다는 사실을 알아차린 후 항의하면 "왜 처음부터 거절하지 않았냐?" "너도 그땐 즐겼으면서 이제 와서 무슨 성희롱 운운하냐? 바라는 것 있냐?"고 뻔뻔스럽게 나옵니다. 피해자에게 책임을 떠넘기려는 것이지요. 이런 상황이 반복되는 이유는 거부와 불쾌감의 표시를 'OK'로 잘못 알아듣는 둔감함과 누군가 성희롱 문제 제기를 하면, 오히려 그 사람의 예민하고 까칠한 성격 탓으로 몰아세우는 풍토 때문입니다.

참다 참다 항의하는 사람에게는 "나를 뭐로 보고 그러냐!"며 화를 내면서 피해자를 몰아붙입니다. 상대가 그렇게 나오면 사회적 약자는 움츠러들기 마련입니다. 그러면서 '내가 예민한 건가…….' 하고 넘어가게 됩니다.

성희롱 피해를 제대로 해결해 본 경험이 없는 청소년들일수록 이런 상황에 속수무책입니다. 피해자는 일단 상대를 피하는 게 상책이라고 생각하며 소극적으로 대처하기 쉽습니다. 성희롱, 성폭력에 대해 아직 우리 사회는 피해자 중심의 인식이 부족합니다. 대놓고 만지고 감싸는 성추행이 있어도 그

자리를 목격한 사람이 없으면 입증하기 어렵습니다. 주변 사람이 나서 주지 않으면 따지기도 힘듭니다. 외려 문제가 커질 것을 우려하는 '관리하는 고모'같은 사람들로부터 입단속을 당합니다. 억울하고 분해서 혼자 끙끙 앓다가 그만두는 경우가 많은 이유입니다. 특히 시간제 노동을 하거나 학교에 다니지 않는 청소년, 개인에게 고용되어 사무 보조 같은 일을 하는 여성 청소년 등은 사회 경제적 지위가 취약하기에 직장 내 성희롱 피해자가 되기 쉽습니다.

여성, 청소년, 비정규직이라는 취약성

직장 내 성희롱은 주로 사장, 직장 상사, 고객, 남성 등이 하는 경우가 많습니다. 근본적으로 직장 내 권력관계에서 발생한다고 할 수 있습니다. 힘 있는 사람이 상대적으로 약한 사람을 대상으로 한다는 것이지요. 직원이라면 임금을 주는 사업주의 요구를 거절하기 쉽지 않습니다. 만일 계약직이라면 재계약 여부를 결정하는 상사의 평가를 무시할 수 없고요. 회사의 매출을 위해 고객의 막말과 폭력을 참아야 하는 경우도 마찬가지입니다. 같은 동료여도 나이 많은 사람과 남성은 나이가 어린 사람이나 여성보다 우월한 지위를 가집니다. 사회 경제적 약자가 성희롱의 피해자가 되기 쉬운 이유입니다. 안타깝게도 많은 여성, 청소년 노동자가 여기에 해당합니다.

피해자 중 여성이 많은 이유는 우리 사회의 가부장적인 문화와 상대적으로 낮은 여성의 사회 경제적 지위와 무관하지 않습니다. 우리나라 여성 노동자 중 절반 이상이 비정규직이고, 이 중 최저 임금도 받지 못하는 사람이 4명 중 한 명꼴입니다. 남성과의 임금 격차는 경제협력 개발기구(OECD) 회원국 중 10년 넘게 1위를 하고 있습니다. 영국 경제 주간지인 〈이코노미스트〉

가 발표하는 '유리 천장 지수'도 경제협력 개발기구(OECD) 회원국 중 최하위라고 합니다. '유리 천장'이란 여성과 소수자들의 고위직 승진을 막는 사회 구조적인 장벽을 뜻합니다. 아래에서 보면 없는 것 같지만 올라가다 보면 부딪친다는 의미에서 그런 이름이 붙었죠.

비정규직이 안고 있는 고용 불안의 문제, 여성이라는 사회적 지위의 취약성은 직장 내 성희롱 문제의 해결을 더욱 어렵게 합니다. 여성 청소년은 여기에 나이 차별까지 더해지니 그 취약성은 짐작하고도 남습니다.

특성화 고등학교는 졸업 전에 현장 실습을 합니다. 취업을 전제로 하기에 경쟁도 치열하지요. 그런데 학생들이 실습 중에 성희롱 피해를 보는 일이 자주 일어납니다. 그러면 회사를 더는 다니지 못하고 학교로 돌아오는 경우가 대부분이라고 합니다. 어렵게 얻은 기회를 잃고 마음에 상처까지 입게 되는 것이지요. 피해자는 학교에서 공식적으로 문제 제기를 해서 대책이 마련되길 기대하지만, 다른 학생의 취업 길이 막힐까 봐 쉬쉬하는 경우도 있습니다. 그러다 보면 언제 그랬느냐는 듯 잊히게 되는 거지요. 어떤 일이든 한두 번 덮다 보면 못된 관행으로 굳어집니다. 학교의 이런 소극적인 태도는 현장 실습생의 성희롱 피해를 방치하는 무책임한 일입니다.

특성화 고등학교 학생은 3학년 중간쯤에 현장 실습을 나갑니다. 12년간 익숙했던 학교를 떠나 기업으로 출퇴근하게 되지요. 이것은 매우 낯선 경험입니다. 친구들과 수다 떨면서 지내던 교실과, 사업주와 나이 많은 직장 상사, 동료와 하루를 보내야 하는 일터는 공기부터 다르기 마련입니다. 잘못된 어른들의 문화에 충격을 받기도 합니다.

보통 직장에서는 신입 사원이 들어오면 환영식을 합니다. 고깃집에 모여 함께 술을 마시지요. 여기저기서 옆에 앉혀 놓고 술 한 잔 따라 보라고도 합니다. 2차로 노래방을 가지요. 가면 사업주와 나이 든 직원들이 블루스 타임입네 뭐네 하면서 신체 접촉을 합니다. 싫다는데 자꾸 팔을 잡아끌거나 어깨를 감쌉니다. 전형적인 성희롱이지만 다들 뭐가 문제냐는 듯 무감각합니다. 탁자에 올라가 야한 걸그룹 춤을 춰 보라고도 합니다. 회사 생활 잘하려면 이 정도는 해야 한다며 사장이나 상사 눈치를 보면서 부추기는 이들도 있습니다.

거부하거나 망설이면 신입 주제에 분위기 깬다는 타박이 돌아옵니다. 어처구니없는 상황이지만 그냥 당하고 있거나 도망치는 것 외에 대응할 방법도 없습니다. 결국 이 학생은 한껏 부푼 꿈을 안고 실습을 나갔다가 씻을 수 없는 상처를 입고 학교로 돌아옵니다.

방법은 없는 걸까요? 지금은 많이 나아졌다고들 하지만 많은 직장에서 여성을 성적 대상이나 분위기 메이커쯤으로 생각하는 회식 문화가 존재합니다. 또한 위계에 따라 상명하복으로 움직이는 군대식 문화도 남아 있고요. 이런 것들을 바꾸고자 하는 노력이 필요합니다. 그렇지 않으면 직장 내 성희롱은 끊임없이 반복될 것입니다.

국정감사를 통해 ○○○중앙회에서 일하던 20대 여성이 성추행 피해를 입은 후 자살한 사건이 알려지면서 사회적으로 이슈가 된 적이 있습니다. 비정규직 여성 노동자 A씨는 2년 동안 '6개월-2개월-4개월-2개월-4개월-1개월-1개월' 등 이른바 '쪼개기 계약'을 합니다. 그럼에도, 정규직을 시켜 주겠다는 회사 측의 약속을 믿고 계속 일을 하지요. 그러는 동안 사장과 직장 간부들로부터 상습적인 성추행에 시달립니다. 결국 이를 견디다 못해 성추행 사실을 고발한 A씨는 정규직 전환은커녕 해고당하고 맙니다. "꽉 채워 쓰고 버려졌다." 매일매일의 모멸감을 정규직이 될 수 있다는 희망으로 버텨오던 A씨는 결국 이런 유서를 남기고 세상을 등집니다. 누구보다도 비정규직 지원에 앞장서야 할 정부 기관이 이런 일을 저질렀다는 데 많은 국민들이 충격을 받았지요.

유명 출판사의 임원이 20대 여성 노동자를 모텔로 데려가 추행한 사건이 언론에 소개된 적이 있습니다. 피해자는 정규직 전환 시기를 앞두고 있었던 수습사원이었습니다. 사태를 파악해 보니 피해자는 한두 사람이 아니었고 이 중 상당수가 수습사원들이었습니다. 신분이 불안한 노동자를 대상으로 인사권을 가진 권력자가 행한 전형적인 성폭력이지요. 정규직이 되고 싶은 사람들의 마음을 짓밟고 망가뜨리는 야만적인 행위가 아닐 수 없습니다.

이들 사건은 사회적 약자가 성폭력에 얼마나 취약한지, 한 개인이 여기에 맞서기란 얼마나 어려운 일인지를 잘 보여 줍니다. 특히 비정규직과 관련해서 이는 매우 심각한 문제입니다.

정규직보다는 비정규직, 직접 고용보다는 간접 고용이 많은 게 우리나라 노동 현실입니다. 최근에는 법정 노동 시간보다 적게 일하는 '시간제 노동'이 빠르게 증가하고 있습니다. 그만큼 고용 불안이 가중되고 있는 것이지요. 지위가 불안정한 사람들은 인사권을 가진 이들의 성폭력에 취약할 수밖에 없습니다. 현장 실습, 수습, 단시간 혹은 단기간 노동 등 비정규직 노동자가 자주 직장 내 성희롱 피해자가 되는 이유입니다.

성희롱은 장난이 아닌 범죄 행위

우리나라가 직장 내 성희롱의 심각성을 인식하게 된 계기는 1992년 서울대학교에서 일어난 성희롱 사건입니다. 당시 신모 교수는 1년 계약직으로 일하던 조교를 성희롱한 혐의로 고발당합니다. 이전까지만 해도 그런 일이 비일비재했지만 사회적으로 이슈화된 적이 없었지요. 그러나 이 사건을 계기로 '직장 내 성희롱'(sexual harassment)이라는 낯선 용어가 등장합니다. '성적 괴롭힘'이라는 용어가 '성희롱'으로 번역되면서 오해를 낳기도 했습니다. '희롱'이라는 말에는 장난이라는 뉘앙스가 강하기 때문에 결코 가볍지 않은 이 행위들이 희화화되기도 했습니다.

결국 가해 교수는 유죄 판결을 받습니다. 이에 충격을 받은 남성들이 어깨 툭 건드리면서 "이것도 성희롱이냐? 그럼 3000만 원 벌금 내지 뭐." 한다거나 성적 비하가 섞인 농담을 던지면서 "이 정도면 성희롱이냐 아니냐? 성적 굴욕감 같은 거 느꼈냐?" 하며 비아냥대기도 했습니다. 그런 식으로, 이전까지만 해도 관행처럼 여겨졌던 성희롱이 법적 징벌을 받은 데에 불만을 표시했던 겁니다.

처음에 이 사실이 세상에 알려졌을 때 사람들은 이를 '우 조교 사건'이라고 불렀습니다. 그러면서 사건의 본질인 가해자의 폭력은 은폐되고 마치 피해자가 문제인 것처럼 여겨졌지요. 사회적 관심이 커지자 가해자 측은 피해자인 우 조교를 비난하기 시작합니다. 사건과 상관없는 일들을 트집 잡거나 학교를 불명예스럽게 한다는 이유로 피해자를 비난했지요. 우 조교는 이런 식으로 2차 피해를 당해야 했음에도 무려 6년간 기나긴 법정 싸움을 합니다. 결국 대법원은 신 교수의 성희롱에 대해 심각한 사회적 범죄라고 판단, 유죄 판결을 내립니다. 그럼에도 일부는 사건의 본질은 피한 채 '재계약에 탈락한 것에 대한 보복'이라며 피해자를 매도했습니다.

이 사건은 그동안 감춰져 온 우리 사회 성폭력 문제의 심각성을 드러내는 계기가 됩니다. 이로 인해 직장 내 성희롱에 대한 관심도 높아지지요. 그러나 제도적으로 뒷받침되지 않았기에 문제의 심각성만 일깨우는 수준이었습니다. 이 사건이 있은 후 수년이 지나서야 비로소 성희롱과 관련한 법이 제정되지요.[5)]

남녀 고용 평등법에 의하면 사업주와 상급자, 동료 등이 성희롱 행위를 했을 경우 법의 처벌을 받게 됩니다. 또한 사업주는 직장 내 성희롱 예방을 위한 제도를 마련하고 1년에 1회 이상 의무적으로 이와 관련한 교육을 실시해야 합니다.

법은 '직장 내 성희롱'에 대해 "사업주·상급자 또는 근로자가 직장 내의 지위를 이용하거나 업무와 관련하여 다른 근로자에게 성적 언동 등으로 성

5) '남녀 고용 평등과 일·가정 양립 지원에 관한 법률' (남녀 고용 평등법) 제12조(직장 내 성희롱의 금지) 사업주, 상급자 또는 근로자는 직장 내 성희롱을 하여서는 아니 된다. [전문 개정 2007.12.21.]

적 굴욕감 또는 혐오감을 느끼게 하거나 성적 언동 또는 그 밖의 요구 등에 따르지 아니하였다는 이유로 고용에서 불이익을 주는 것"이라고 정하고 있습니다(제2조 2항).

성희롱의 유형에 대해서는 시행 규칙을 통해 '언어적 성희롱' '시각적 성희롱' '육체적 성희롱' '기타 사회 통념상 성적 굴욕감 또는 혐오감을 유발하는 언어나 행동'이라고 구체적으로 제시하고 있습니다.[6]

성희롱의 개념과 유형은 나라마다 조금씩 차이가 있지만, 크게 세 가지로 분류할 수 있습니다.

첫째, '조건형 성희롱'입니다. 상대방이 원하지 않는 성적인 언어와 행동을 하면서 기회와 대우를 제공하겠다고 조건을 제시하는 경우입니다. 예컨대 '연애' 한번 해 주면 시급을 올려 주겠다거나 "재계약하기 싫으냐?"며 상습적으로 성희롱을 하는 경우가 여기에 속합니다.

둘째, 상대방이 성적 언어와 행동을 거부하면 불이익을 주는 '보복형 성희롱'입니다. 앞서 직장 내 성희롱을 고발하자 해고한 ○○○중앙회 사례가 여기에 해당합니다.

셋째, 성적 언어와 행동으로 상대방에게 육체적·정신적 피해와 성적 수치감을 주어 노동 환경이나 활동 여건을 악화시키는 '환경형 성희롱'이 있습니다. 서울대학교 신 교수의 사례가 이 유형에 해당합니다.

이러한 구분은 이해를 돕고자 하는 것이지 어떤 성희롱이 꼭 여기에 해당한다고 딱 잘라 말할 수 없습니다. 현실에서는 여러 유형의 성희롱이 복합적으로 일어나는 경우가 많습니다.

6) 직장 내 성희롱을 판단하기 위한 기준의 예시(남녀 고용 평등법 시행 규칙 별표 1)

직장 내 성희롱을 판단하기 위한 기준의 예시
(남녀 고용 평등법 시행 규칙 별표 1)

구분	예시
1. 성적인 언동의 예시	가. 육체적 행위 (1) 입맞춤, 포옹 또는 뒤에서 껴안는 등의 신체적 접촉 행위 (2) 가슴·엉덩이 등 특정 신체 부위를 만지는 행위 (3) 안마나 애무를 요하는 행위 나. 언어적 행위 (1) 음란한 농담을 하거나 음탕하고 상스러운 이야기를 하는 행위 (전화 통화를 포함한다) (2) 외모에 대한 성적인 비유나 평가를 하는 행위 (3) 성적인 사실 관계를 묻거나 성적인 내용의 정보를 의도적으로 퍼뜨리는 행위 (4) 성적인 관계를 강요하거나 회유하는 행위 (5) 회식자리 등에서 무리하게 옆에 앉혀 술을 따르도록 강요하는 행위 다. 시각적 행위 (1) 음란한 사진·그림·낙서·출판물 등을 게시하거나 보여 주는 행위 (컴퓨터 통신이나 팩시밀리 등을 이용하는 경우를 포함한다) (2) 성과 관련된 자신의 특정 신체 부위를 고의적으로 노출하거나 만지는 행위 라. 그 밖에 사회 통념상 성적 굴욕감 또는 혐오감을 느끼게 하는 것으로 인정되는 언어나 행동
2. 고용에서 불이익을 주는 것의 예시	채용 탈락, 감봉, 승진 탈락, 전직(轉職), 정직(停職), 휴직, 해고 등과 같이 채용 또는 근로 조건을 일방적으로 불리하게 하는 것
	비고: 성희롱 여부를 판단하는 때에는 피해자의 주관적 사정을 고려하되, 사회 통념상 합리적인 사람이 피해자의 입장이라면 문제가 되는 행동에 대하여 어떻게 판단하고 대응하였을 것인가를 함께 고려하여야 하며, 결과적으로 위협적·적대적인 고용 환경을 형성하여 업무 능률을 떨어뜨리게 되는지를 검토하여야 한다.

끊이지 않는 성희롱 사건들

신 교수 성희롱 사건 이후 직장 내 성희롱 관련 법 제도가 만들어지고 사회적인 관심과 인식도 높아졌습니다. 직장 규모에 따라 다르긴 하지만 이제는 일터에서 의무적으로 성희롱 예방 교육이 진행되고 있고요. 성희롱이 '장난'이 아니라 '범죄 행위'라고 생각하는 사람들이 많아지고 있습니다. 그럼에도 사회 일각에서는 여전히 무감각과 몰염치가 존재합니다. 특히 소위

'사회 지도층' 인사들의 무지는 심각합니다.

2006년, 모 국회의원이 만찬 자리에서 기자를 성추행하여 문제가 커지자 탈당한 일이 있었습니다. 그 국회의원은 이유를 묻자 "술에 취해 음식점 주인으로 착각해 실수를 저질렀다"고 합니다. 음식점 주인은 성추행을 해도 된다는 걸까요? 여기에는 사회적 지위가 약한 여자는 막 대해도 좋다는 생각이 깔려 있습니다. 심각한 성차별적 인식을 드러내는 말이지요. 동료 국회의원은 한 술 더 떠서 "꽃을 보면 다가가고 싶은 게 자연의 섭리"라며 성추행의 원인을 '인간의 본성'과 '잘못된 술 문화' 탓으로 돌려 빈축을 사기도 했습니다. 한마디로 '남자가 술을 마시다 실수할 수도 있지.' 하는 전형적인 남성 우월주의적 사고를 드러낸 것입니다.

이 사건 이후 진행된 설문 조사에서 당시 41명의 여성 국회의원 중 46%에 해당하는 24명이 "동료 남성 의원 등에게서 성차별적인 막말을 듣거나 성희롱을 당한 경험이 있다"고 응답합니다. 매우 충격적인 결과가 아닐 수 없습니다. 국민의 대표인 국회의원마저 성희롱의 대상이 되었다는 것은 한국 사회가 성폭력에 얼마나 취약한지를 고스란히 보여 줍니다. '지도층'일수록 모범을 보여야 하지만 현실은 그 반대입니다. 국회의원 한명 한명은 하나의 입법 기관으로서 우리 삶에 영향을 끼치는 법을 만들고 고치는 일을 합니다. 국회의원의 직장 내 성희롱에 대한 인식이 그 정도라면 제대로 된 법을 만들 리가 없지요. 만든 법조차 제대로 지켜질지 의문입니다. 보통 사람으로선 왜 나만 법을 지켜야 하는지 억울하게 생각할 수도 있고요.

국제 행사에 참석한 청와대 대변인이 미국 시민권자인 인턴 직원을 성추행하고 이 일로 기소되면서 국제적 망신을 샀던 일이 있습니다. 국회의장을 지낸 정치인이 골프장 경기 보조 노동자를 "손녀 같아서 귀엽다"며 가슴을 쿡 쿡 찌르며 성추행한 사건도 있었고요. 직장 내 성희롱에 대한 고위층의 낮은 인식 수준을 보여 주는 사례는 이 밖에도 많습니다. 국회의원, 장관, 청와대 대변인, 대학교수, 법조인, 대기업 임원, 고위 공무원 등 일일이 열거할 수 없을 정도입니다. 왜일까요? 이들의 공통점은 바로 권력을 가진 사람들이라는 것입니다. 힘이 있으니 부당한 요구를 해도 사람들이 거부하기가 어렵죠. 외려 잘 보이려고 굽실거리기 바쁩니다. 그들이 성희롱을 저지르고도 뭐가 문제냐는 식으로 뻔뻔스럽게 나오는 이유입니다.

모든 직장 내 성희롱은 권력과 관계가 있습니다. 주로 힘 있는 사람들이 사회적 약자를 대상으로 행해지지요. 이는 노동 조건과도 관계가 있습니다. 일자리가 줄고 비정규직이 늘어나면서 피해를 당하는 사례가 속출합니다. 불이익을 받을까 봐 겁이 나서 제대로 맞서지 못하기 때문입니다. 가해자들도 이 사실을 잘 알고 있고요.

직장 내 성희롱은 구조적인 문제입니다. 사적인 연애 감정이나 호의적인

동기에서 시작되는 것이 아니라는 뜻입니다. 만약 내가 그 직장에서 일하는 사람이 아니라면, 내가 그보다 직위가 낮거나 힘없는 위치에 있는 사람이 아니라면, 아마도 성희롱의 대상이 되지 않을 것입니다. 직장 내 성희롱 피해로 인한 질병이 노동 재해로 인식되는 이유입니다. 피해자들은 심리적 스트레스와 트라우마(정신적 외상)를 얻을 뿐만 아니라 직장에서 쫓겨나면서 심각한 경제적 타격을 받기도 합니다. 한 사람의 삶이 송두리째 뽑혀 나가는 일도 있습니다. 언론 보도를 통해 알려지는 사례는 극히 일부일 뿐입니다.

보도된다 해도 반짝 관심이 일어났다 사그라지기를 반복하지요. 언론은 사건의 처리 과정에만 주목합니다. 하지만 우리가 보다 눈여겨보아야 할 것은 피해자의 삶입니다.

성희롱 피해를 입은 여성 노동자가 후유증 때문에 얼마나 힘들어하는지, 승소한 이후에도 복직되지 않거나 호의적이지 않은 직장 내 분위기 때문에 스스로 나올 수밖에 없는 현실 등에 대해서 잘 알지 못합니다. 여기에 대한 대책이 절실한데도 말이지요.

대책 없는 '대책'들

직장 내 성희롱은 이렇듯 심각한 수준이지만 학교나 일터, 행정관청은 이렇다 할 대책이 없습니다. 현장 실습을 나가기 전 학교는 직장에 잘 적응하기 위한 예절과 인사법 등은 가르칩니다. 하지만 구체적인 직장 생활 안내는 없습니다. 성희롱 예방 교육과 사후 대처 방법 등에 대한 교육도 이뤄지지 않습니다. 일터에서 의무적으로 성희롱 예방 교육을 한다고 하지만 그 효과는 미약합니다. 듣고 나면 금세 잊어버리는 사람들이 태반이고 그마저도 문서로 대신하거나 각자 알아서 동영상을 돌려보는 등 매우 형식적으로 진행되는 경우가 많습니다. 심지어 의무화되어 있는 성희롱·성폭력·성매매·가정 폭력 예방 교육을 한데 묶어 시간 때우기 식으로 진행하기도 합니다. 실효성이 있을 리 없습니다.

대학, 군대, 중소기업, 패스트푸드점 등 직장 내 성희롱 사건이 연거푸 이슈가 되자 주무 부처인 고용노동부에서 대책을 내놓았습니다. 그런데 그 내용이 어처구니가 없어 공분을 샀지요. 고용노동부가 운영하는 일자리 정보 제공 기관인 워크넷(worknet)은 면접 방법을 소개하면서 예상 질문에 대해 다음과 같은 '모범 답변'을 제시합니다.

질문: 성희롱에 대해서 어떻게 생각합니까?

최근 성희롱 관련 재판도 많고, 지나치게 예민한 여성 사원에게 곤란을 당한 회사도 있다. 도량을 넓혀서 독자적인 견해를 말하는 것이 좋다.

대답: 기본적으로 남성과 여성은 무언가를 받아들이는 방식에 차이가 있다고 생각합니다. 성에 대한 가벼운 말 정도라면 신경 쓰지 않겠고, 농담으로 잘 받아칠 정도의 여유가 필요하다고 생각합니다. 단 너무 지나친 것은 문제가 될 수 있으니 상대방에게 완곡하게 대화해서 제 생각을 표현하겠습니다.

예민하게 받아들이지 마라, 오히려 회사가 곤란을 당하기도 한다, 웬만하면 참고 심할 때는 말로 원만하게 해결하라는 얘기 같지요? 마치 직장 내 성희롱이 예민하고 까칠한 여성 때문에 문제가 된다는 투입니다. 항의가 빗발치자 결국 문제가 된 면접 사례는 홈페이지에서 삭제됩니다.

문제를 파악하고 해결책을 마련해야 할 국가 기관의 인식이 이 정도입니다. 입사 전 면접 때부터 성차별적인 질문을 받아야 하고, 높은 벽을 뚫고 취업을 한다고 해도 위계적인 직장 문화와 불안정한 고용 관계에 놓이게 되는 여성 노동자들의 현실을 전혀 모르고 있어요. 그렇다면 어떻게 해결점을 찾아야 할까요?

사후 조치보다 예방

직장 내 성희롱을 없애려면 성에 대한 고정 관념과 편견부터 깨야 합니다. 그렇지 않으면 현실과 동떨어진 법·제도적 장치가 넘쳐 날 확률이 높습니다. 잘 만들어졌다고 해도 현실에서 잘 적용되기가 어렵고요.

성희롱 피해를 줄이기 위한 법제도적 장치는 올바른 성인지적 관점을 키워 줄 교육과 함께 가야 합니다. 신속하고 적절한 사후 조치와 피해자를 도울 방안도 마련되어야 하고요.

교육은 생활 현장에서 자연스럽게 이루어져야 합니다. 고속도로 톨게이트에 붙어 있는 성희롱 예방 문구, 직장 내에 부착된 '성희롱 없는 일터' 표식, 식당 노동자를 대하는 올바른 고객의 태도를 알리는 포스터나 회식 문화를 바꾸기 위한 직장인 선언 같은 것도 좋은 예입니다.

상담 노동자를 보호하기 위해 불량 민원인을 적발하도록 한 지방 자치 단체의 '원 스트라이크 아웃(one-strike-out)' 제도도 좋은 본보기입니다. 민원인의 성희롱, 모욕, 언어폭력에 대해 이것이 처벌이 따르는 불법 행위임을 공개적이고 지속적으로 주지시키는 것은 예방에 큰 도움이 되기 때문입니다.

이는 상담 노동자가 개인적으로 풀 수 없는 문제를 공공 기관이 나서서 해결책을 제시했다는 점에서 의미가 깊습니다. 과거에는 노동자 개인이 알아서 대응해야 했습니다. 잘 넘어가면 상관없지만 서비스 이용자로부터 불만이 접수되면 피해 당사자는 또다시 불이익을 당해야 했지요. 그러다 보니 소극적으로 대응하거나 힘들어도 참고 견디는 수밖에 없었습니다. 이는 또다시 불량 고객의 성희롱을 유발하는 악순환으로 이어졌지요. 원 스트라이크 아웃 제도는 개인에게 책임을 묻는 것이 아니라 소속된 기관이 예방책을 마련하는 식으로 접근 방식 자체를 바꾼 사례입니다. 일하는 사람을 중심에 두면 좀 더 나은 해결책을 마련할 수 있습니다.

직장 내 성희롱을 예방하려면 상대를 성적 대상으로 보지 않고 동료로서 인정하고 존중하는 문화와 수평적인 소통 구조가 필요합니다. 설령 친밀함의 표시였다 해도 상대방이 거부 의사를 표시한다면 즉각 사과하고 행위를 멈춰야 합니다. 받아들이는 사람과 입장이 다를 수밖에 없으므로 상대의 의사를 존중해야 합니다.

정규직이냐 비정규직이냐 혹은 직급에 따라 위계적이고 남성 중심적인 일터의 조직 문화도 바뀌어야 합니다. 성희롱 행위자 혹은 가해자는 '오빠 같은 심정'에서, '딸 같아서' '무심코' 했다고 하지만 당하는 사람도 그럴까요? 상대의 입장에서 심각하게 고민하고 성찰해 봐야 합니다. 피해자는 결코 '원하지 않는' '피하고 싶고 불편한' '육체적·정신적 고통을 수반하는' 행위일 수 있다는 점을 인식해야 합니다. 성희롱은 단순한 괴롭힘으로 그치는 것이 아니라 개인의 노동권을 심각하게 위협하고 침해하는 '폭력'이면서 조직과 공동체를 위기에 빠뜨리기에 항상 예방에 힘써야 합니다.

한 걸음 더 직장 내 성희롱 편

Q 일하다 성희롱 당했던 적 있어요?
A 저는 없는데 친구가 성추행 같은 거 당했다고 조심하라고는 했어요. 제가 일하기 전에 친구가 거기서 1년 가까이 일했거든요. 사장이 같이 자자는 식으로 얘기했다고도 하고…….

Q 사장님 말고 손님들이 그럴 땐 없었어요?
A 같이 일하던 친구가 당했는데요. 서빙을 하고 있는데 웬 할아버지가 엉덩이를 만지면서 자기 좀 도와달라고 했대요. 술이 좀 취해 보였다고 해요. 친구는 당황했지만, 그 자리에서 뭐라고 하면 안 되잖아요. 그래서 가만히 있었는데 아무도 그 장면을 못 봤는데 저하고만 눈이 딱 마주쳤어요. 도와달라는 눈빛이었어요. 제가 빨리 그 자리를 빠져나오라고만 했죠. 그 뒤로 그 친구는 그만뒀어요.

Q 많이 놀랐겠어요. 호텔은 손님도 많은데 일을 하기 전에 성희롱 예방 교육은 없나요?
A 그런 거 없었어요. 쟁반 들고 서빙하는 방법 같은 간단한 것만 알려 줘요.

'성희롱'을 가볍게 여겨서는 안 됩니다. 가벼운 장난이나 성적인 관심 정도로 치부하는 것은 직장 내 성희롱 예방이나 사후 대책을 소홀하게 하는 원인이 됩니다. 직장 내 성희롱 피해는 아무리 사후 처리를 잘한다 하더라도 상처를 남기기 마련입니다. 무엇보다 예방이 중요한 이유입니다.
회사나 기관이 나서서 피해를 예방하고 사후 처리를 잘하는 것 못지않게 개개인의 노력도 중요합니다. 성희롱 행위자나 가해자가 되지 않기 위해 애써야 해요. 또한, 동료로서 피해자를 도울 수 있어야 합니다. 그러려면 평소 성희롱에 대한 경각심을 갖고 대처 방법에 대해 잘 알고 있어야겠지요.

☞ 면접 자리에서 성희롱 피해를 입었더라도 대응할 수 있습니다

누구나 직장 내 성희롱의 피해자 혹은 행위자나 가해자가 될 수 있습니다. 구직자도 마찬가지고요. 모집·채용 과정에서 성희롱이 있을 수 있기 때문입니다. 파견 노동자, 시간제·단시간 및 일용 노동자도 남녀 고용 평등과 일·가정 양립 지원에 관한 법률에 따른 직장 내 성희롱 보호 대상에 포함됩니다. 만약에 면접관이 "이성을 볼 때 어디를 먼저 보냐?" "몸매 좋아 보이는데 한 번 돌아봐라." 등 업무와 상관없이 성적 수치심을 일으키는 질문이나 요구를 했거나, 사적인 만남을 요구하며 성적 관심을 표시했다면 그냥 넘어가지 말고 꼭 대응하세요.

☞ 피해자에 대한 소문, 괴롭힘, 따돌림 등 2차 피해가 회복을 더 어렵게 합니다

직장 내 성희롱 피해에 대한 초기 대응이 중요한 이유는 시간이 갈수록 피해자와 가해자를 둘러싼 사실이 왜곡되고 '소문'이 증폭되면서 문제의 본질이 흐려지기 때문입니다. 이렇게 되면 법적 분쟁이 마무리된 이후에도 2차 피해를 낳기 쉽습니다.

2차 피해란 성희롱 사실에 대한 인정과 별개로, 이를 다투는 과정에서 입게 되는 피해를 말합니다. 피해자를 업무에서 배제하거나 사직을 강요하는 경우, 평소 사생활을 문제 삼아 괴롭히는 경우, 식사 시간이나 회식 때 부르지 않는 식으로 따돌리는 경우, 재계약을 하지 않는 경우, 법적으로 성희롱이 아니라는 결과가 나오자 피해를 주장한 사람에게 불이익을 주는 경우 등을 말합니다.

특히 신분이 불안정한 비정규직에게 2차 피해는 생존의 문제와 직결되기에 더욱 심각합니다. 피해 발생부터 해결을 위한 절차가 진행되는 과정, 법적 판단이 나온 이후에 이르기까지 피해자를 보호하고 지원해야 합니다.

☞ 직장 내 성희롱 문제는 개인과 조직이 함께 해결하고 책임져야 할 문제입니다

직장 내에서 발생하는 성희롱은 겉으로는 개인과 개인의 문제로 보이지만, 이면에는 그 개인이 속한 조직의 문제가 숨어 있습니다. 개인 간의 자율적 해결을 도모한다는 이유로 사업주와 동료들이 방관하거나, 반대로 다른 사생활에 과도하게 관심을 보이기도 합니다. 성희롱 사실이 외부에 알려지는 것이 두려워 처리 결과를 투명하게 공개하지 않는 경우가 많습니다.

직장 내 성희롱 피해를 막으려면 평소 노동자가 신뢰할 수 있고 상담할 수 있는 기구나 제도가 마련되어야 합니다. 성희롱 사건이 발생했다면 피해자의 인권을 보호하면서 그 처리 결과에 대해 투명하고 조속하게 알려야 합니다. 구성원이 함께 성희롱 예방에 힘을 쏟고 재발 방지를 위해 노력하는 건강한 조직 문화는 회사에도 이익입니다. 직장 내 성희롱은 개인의 존엄성은 물론 조직 내의 인간관계를 훼손시킵니다. 직장 내 성희롱 문제를 제대로 인식하고 이에 대한 예방과 해결에 개인과 조직이 함께 나서야 하는 이유입니다.

☞ 직장 내 성희롱 피해를 당했을 때는 노동위원회, 국가인권위원회, 민사 소송을 통해 해결을 모색할 수 있습니다

사전 예방이 우선이기는 하지만 아무리 노력을 기울여도 성희롱이 발생할 수밖에 없는 경우가 있습니다. 그럴 때는 사업장 내의 해결 노력과 함께 노동위원회, 국가인권위원회를 통한 방법, 민사 소송을 통한 해결 방법을 고려할 수 있습니다. 직장 내 성희롱 문제를 제기한 노동자가 해고, 휴직, 정직, 전직, 감봉 기타 징벌 등을 당한 경우에는 그러한 불이익을 당한 날로부터 3개월 이내에 노동위원회에 해결 요청을 할 수 있습니다.

또한 국가인권위원회에 '성희롱 시정 진정'을 할 수 있습니다. 진정인이 사건을 접수시키면 국가인권위원회는 조사에 착수하는데, 경우에 따라서 위원회가 직권으로 조사할 수 있습니다. 조사 결과 성희롱 사실이 인정되면 성희롱 행위자, 당해 소속 기관, 단체 또는 감독 기관의 장에게 시정 또는 개선 등을 권고할 수 있습니다. 권고의 내용은 성희롱 행위의 중지, 손해배상 기타 필요한 구제 조치, 재발 방지를 위한 교육 및 대책 수립 등을 위한 조치, 성희롱 행위를 한 사람에 대한 징계 또는 이에 상당하는 조치, 법령·제도·정책·관행의 시정 또는 개선 등입니다.

세 번째 방법으로, 사업주와 성희롱 행위자를 대상으로 정신적·물리적 고통을 입힌 데 대한 손해 배상을 청구할 수 있습니다. 그러나 직장 내 성희롱을 통한 피해 노동자의 정신적 피해는 피해 발생 이후의 금전적 보상, 가해자에 대한 처벌, 휴식 등으로 완전히 복구되기 어렵습니다. 여러 번 강조하지만 사전 예방을 위한 노력이 가장 중요합니다.

07 위험한 경쟁보다 안전

2011년 모 피자 업체는 20년간 지속해 오던 '30분 배달 보증제'를 폐지합니다. 피자 배달 아르바이트를 하던 10대 청소년이 교통사고로 사망한 사건이 일어나자, 이에 분노한 시민들이 죽음을 부른 배달 경쟁에 항의했기 때문입니다. 그전에는 배달 시간이 30분을 넘겨 30~45분이 걸릴 경우 정가에서 2000원을 할인하고, 45분을 초과할 경우 소비자는 무료 혜택을 받았지요. 대신 그 비용을 점포와 배달 직원에게 물어내도록 했습니다. 그러니 불이익을 당하지 않으려면 무리를 해서라도 제시간에 배달지에 도착해야 했던 것입니다.

목숨을 건 배달 경쟁

배달 시간에 대한 압박은 여기에 그치지 않습니다. 또 다른 업체는 '챔스'(champs) 제도를 통해 지점 간 속도 경쟁을 부추겼습니다. 본사는 사전에 미스터리 쇼퍼(mystery shopper, 위장 고객)를 이용해서 지점별로 배달 시간을 체크합니다. 이는 각 영업점을 평가하는 기준이 되고요. 낮은 점수를 받으면 불이익을 받으니 한시도 긴장을 풀 수 없습니다. 1분이라도 먼저 가기 위해 교통 신호를 위반하는 일은 다반사가 됩니다. 결국 배달 속도 경쟁을 부추기던 이러한 제도는 김○○의 사망 사건을 계기로 여론에 밀려 폐지되거나 축소됩니다.

30분 안에 피자가 배달되지 않으면 소비자에게 보상하겠다는 '약속'은 배달 노동자의 '목숨'을 담보로 한 것이었습니다. '30분'이 피자의 맛을 유지할 수 있는 최적의 시간인지는 모르겠지만, 배달 노동자에게는 그야말로 위험으로 내몰리는 위험한 시간이기도 합니다. 늦게나마 이러한 제도가 폐지되거나 축소된 것은 다행입니다. 하지만 이걸로 배달 노동자를 위험에 빠뜨리는 요인이 모두 사라졌다고 보기는 어렵습니다. 단시간 노동자, 아르바이트 노동자에게는 이들 외에도 건강과 생명을 위협하는 요인들이 많기 때문입니다.

2010년 고용노동부는 '제3차 산업 재해 예방 5개년 계획'이라는 자료에서 "대기업 재해자 수는 매년 감소 추세인 데 반해 소규모 사업장의 노동재해자 수는 매년 증가하고 있다."고 보고합니다.

기업 규모별 재해자 수 추이(단위: 명)

구분	2005년	2006년	2007년	2008년	2009년
50~299인	14,899	14,760	13,731	13,709	13,661
50인 미만	59,742	66,072	68,774	75,051	77,762

위 표에서 50인 미만 영세 소규모 사업장과 50인 이상 299인 미만의 대규모 사업장 간의 재해율 격차가 심해지고 있음을 확인할 수 있습니다. 이

자료는 50인 미만 영세 소규모 사업장은 전체 사업장(156만 1000개소)의 약 98%(152만 3000개소), 전체 재해(9만 7821건)의 79.5%(7만 7767건)를 차지한다고 밝히고 있습니다. 또한 서비스 산업은 전체 사업장 수의 59%, 근로자 수의 42%를 차지하고, 전체 재해자 수 대비 비중은 2001년 23%(1만 9342명)에서 2009년 35%(3만 3961명)로 증가하고 있다고 밝히고 있습니다.

우리가 여기서 주목해야 할 것은 청소년 노동자가 주로 일하는 곳이 바로 '50인 미만 소규모 영세 사업장'이라는 것입니다. 이 자료에서는 산업 재해 취약 계층으로 여성, 고령자 등을 꼽고 여기에 대한 대책을 세우겠다고 밝히고 있습니다. 그런데 연령별 접근은 빠져 있어 일하는 청소년에 대한 고려가 없습니다. 청소년 노동자 재해 통계가 없다는 것은 현황 파악조차 제대로 안 되어 있다는 것입니다.

해외에서는 교통사고 예방이 젊은 노동자 보호를 위한 핵심 정책 중 하나라고 합니다. 24세 이하 노동자를 '젊은 노동자'(young workers)로 구분하여 이들을 따로 관리하는 것입니다. 그들은 불안정한 고용에 시달리고 있으며, 업무 숙련도가 떨어지기 때문에 사고의 위험이 더 크다고 합니다.

우리나라에서도 젊은 노동자의 교통사고가 빈번합니다. 그럼에도 실태 파악이 제대로 안 되고 있습니다. 앞서 피자 배달 일을 하던 청소년이 교통사고로 사망한 사건이 일어난 것은 2010년 12월이었습니다. 당시 여론이 심각해지자 고용노동부는 대책을 발표합니다. 그러나 그 내용은 매우 실망스러운 것이었지요. 사업자 간담회를 하고, 소비자에게 "빨리빨리 재촉하지 말라"고 홍보를 하는 식이 전부였기 때문입니다. 해외의 사례에 비해 뭔가 엉성하다는 느낌을 지울 수 없습니다. 이후 비슷한 사고가 이어진 것은 당연한 결과라고 할 수 있습니다.

위험해도 빨리빨리!-저임금, 장시간, 노동 재해의 굴레

청소년 노동자가 일하는 환경을 들여다보면 아찔한 순간을 수없이 만나게 됩니다. 식당, 패스트푸드점, 편의점, 마트, 웨딩홀 등 청소년들이 주로 일하는 장소는 정도의 차이는 있으나 기본적으로 안전을 위협하는 요인들이 너무도 많습니다. 관계 당국은 면피성 대책을 세우는 데 급급할 게 아니라 장기적인 안목으로 실태 파악을 먼저 하는 것이 바람직합니다. 현장에서 직접 일하는 청소년들을 만나 보는 것도 좋은 방법이겠지요.

> 저희들은 항상 빨리 가야 하잖아요. 바쁘나 안 바쁘나 똑같죠. 신호도 무시하고 가요. 배달 많을 때는 마음이 급하죠. 건널목에서도 차가 오는지 제대로 안 살피고 그냥 가는 거죠. -정수(가명, 오토바이 배달)

오토바이 배달을 했던 정수는 위험하다는 걸 알면서도 급한 마음에 속력을 내게 된다고 했습니다. 신호를 무시하는 건 다반사라고 했습니다. 배달하는 동안 아찔한 순간이 많지만 사업주나 소비자에게 욕먹지 않으려면 어쩔 수 없다는 것입니다. 그렇지만 다른 일을 구하기 쉽지 않고 임금도 이만하면 괜찮아서 계속할 생각이라고 했습니다.

가맹점 형태로 운영되는 중소 영세 업체가 이익을 내려면 인건비를 줄이는 수밖에 없습니다. 그러니 돈을 적게 주거나 일을 많이 시키는 것이지요. 일례로 외식 업체는 유사한 업무를 하는 노동자들을 시간제 알바, 기간제, 정규직으로 나눠 관리합니다. 청소년들은 시간제와 기간제를 거치면서 매장 내 서비스, 음식 조리, 배달, 청소 등을 모두 익힙니다. 사업주 입장에서는 훌륭한 노동력이 되는 것이지요. 유사시 인원 보충을 하지 않고 알바생을 쓰면 됩니다. 사람을 더 뽑는 대신 알바생들에게 더 많은 일을 시키면 됩니다. 일하는 사람 입장에서는 노동 강도가 높아지는 셈이지요. 정규직이 되려면 어쩔 수 없으니 부당해도 참을 수밖에 없습니다.

> 택배 상자들이 배분되는 컨베이어 벨트에 손이 빨려 들어갔다는 얘길 들었어요. 그러면 뼈가 아예 으스러진다는 거예요. 안전장치가 따로 없으니 내가 조심하는 수밖에 없죠. –은혁(가명, 택배)

야간에 택배 물류 창고에서 상하차 작업을 하는 은혁은 일이 위험하다는 사실을 잘 알고 있습니다. 실제로 사고가 났다는 얘기를 들었지만, 그 후에도 안전장치는 따로 마련이 안 되었다고 합니다. 일을 시작하기 전에 안전 교육은 받아 본 적도 없고 그저 장난치지 말라는 가벼운 경고가 전부였다고 합니다.

상하차 작업은 레일을 통해 끊임없이 내려오는 물건들을 분류하는 일이기에 체력 소모가 많습니다. 게다가 밤을 꼬박 새우기 때문에 안전사고에 대한 위험은 늘 도사리고 있습니다. 하룻밤을 지새우고 손에 쥐는 돈은 5~6만 원이 전부입니다. 은혁은 힘들지만 이 '목돈'을 포기할 수 없다고 말합니다.

아는 형이랑 같이 갔어요. 저녁 8시부터 다음 날 아침 10시까지 한 14시간을 일했어요. (…) 기계로 철판을 찍어서 문을 만드는 작업을 하는데 보호 장구 같은 것도 없어요. (가자마자) 입고 온 옷 그대로 목장갑 하나 끼고 일 시작했어요. 마스크도 없어서 본드랑 신나 냄새 맡다가 토하기도 했고요.
–민호 (가명, 자동차 부품 공장)

민호가 일한 곳은 자동차 문짝을 만드는 공장이었습니다. 유해 물질에 무방비로 노출된 채 구역질을 하면서 일해야 했다고 했습니다. 환기 시설이나 개인 보호 장구 없이 야간 노동을 계속해야 했습니다.

위험한 환경에서 '어쩔 수 없이' 일하는 이유에 대해 청소년 노동자들은 상대적인 고임금과 일자리 부족을 말합니다. 작업장 환경이 나빠도, 밤늦도록 일할 수밖에 없어도 대안이 없기 때문입니다. 안전하고 쾌적한 노동 환경을 갖춘 일자리가 청소년 노동자에게는 열려 있지 않습니다.

여기 또 한 명의 청소년이 있습니다. 수민(가명)은 안 해 본 알바가 없을 정도로 경험이 많습니다. 대부분 최저 임금 수준이거나 그 이하였습니다. 작업 환경도 열악합니다. 몇 년 전 주유소에서 일할 때는 사업주가 외관상 보기

좋지 않다는 이유로 마스크 착용도 못 하게 했다고 합니다. 주유구에서 올라오는 냄새나 유해 물질을 피하려면 주유하는 동안 고개를 돌리는 수밖에 없다고 합니다. 최저 임금에 못 미치는 임금이기에 생활비를 벌려면 장시간 노동이 필수입니다. 수민이 6개월여 일했던 주유소를 그만둔 건 건강상의 이유였습니다. 지금도 석유 냄새만 맡으면 머리가 아프다고 합니다. 일할 때는 기름이 묻어 발톱이 상하거나 피부가 벗겨진 일도 있고 주유소로 들어오는 차에 치여 다친 적도 있다고 합니다. 수민이는 자기 스스로 조심하는 수밖에 없다고 했습니다. 안전 교육은 받아본 적도 없고, 다쳤을 때도 알아서 해결해야 했기 때문입니다. 사업주에게 치료비를 받은 적도 없고, 산업 재해 보상을 받을 수 있다는 사실도 알지 못합니다. 오히려 그런 제도가 있었느냐고 의아해했습니다.

엄연한 현실, 대책이 없다

고용노동부가 2010년 발표한 '최근 5년간 음식 및 숙박업 관련 이륜차 재해 발생 현황'에 따르면 전체 재해 건수 4951건 중 피자·패스트푸드점이 1890명(38.2%)으로 전체 1위였습니다. 중국 요리 음식점이 1314명(26.5%), 통닭 전문점이 894명(18.1%), 한식 음식점이 660명(13.3%), 분식 및 김밥 전문점이 193명(3.9%)으로 뒤를 이었습니다. 또한, 재해 건수가 2005년 585건, 2006년 804건, 2007년 990건, 2008년 1192건, 2009년 1380건으로 매년 급증하는 것으로 나타났습니다.

서비스 산업 중에서도 특히 배달 서비스 노동의 재해가 빠른 증가세를 보이고 있는 것입니다. 간편하게 집에서 즐기려는 소비자의 욕구를 핑계로 음식 배달 노동자는 속도 경쟁에 내몰리고 있습니다. 퀵서비스 노동자와 택배 서비스 노동자 등도 이륜차를 이용하고 있지만, 현행법상 노동자의 지위를 인정하고 있지 않아 통계에서 아예 빠져 있습니다.

또한 이 통계는 산업 재해 보상을 받은 경우를 집계한 것입니다. 다쳐도 제대로 보상을 받지 못하거나 그럴 생각조차 하지 못하는 청소년의 경우는 반영이 안 되어 있다고 보아야 합니다. 대형 프랜차이즈가 아닌 경우 이륜차를 통해 배달하는 사업장은 대개 규모가 영세합니다. 배달 일을 하는 노동자들의 고용도 불안정합니다. 다쳤을 때 산업 재해 신청을 할 확률이 적다는 얘기입니다. 통계만 두고 보면 상대적으로 규모가 큰 피자·패스트푸드점의 재해 발생이 많다고 생각하기 쉽지만, 실상은 그렇지 않을 수도 있습니다.

이 통계가 가지는 의미는 '이륜차 재해 건수가 해마다 늘고 있다'는 사실에 있습니다. 최근 5년 사이 급격하게 증가했지요. 이는 그만큼 관계 당국의 대처가 부실했다는 말이기도 합니다.

재해 예방에 필수인 안전 교육을 실시하기보다는 노동자 개개인이 알아서 조심하게 하는 것이 현실입니다. 작업장에서는 헬멧이나 마스크, 장갑 같은 최소한의 보호 장구도 지급되지 않지요. 영세 사업장이 많다 보니 재해가 발생해도 사회 보험의 혜택을 받기 어렵습니다. 운이 좋다면 사업주로부터 몇 푼의 치료비를 받는 게 전부겠지요.

당국의 관리 감독이 제대로 이루어지지 않는 상황에서 대개의 사고나 질병은 노동자의 실수나 부주의로 처리됩니다. 피해와 책임 모두 고스란히 노동자 몫이 되지요. 여러분, '안전한 사업장'은 누가 일하든 다치지 않고 아프지 않을 수 있는 환경을 뜻합니다. 설령 노동자가 실수하거나 부주의해서 일어나는 일에 대해서도 대비할 수 있어야 온전한 의미의 안전이라 할 수 있습니다. 안전은 사업주, 또는 이를 관리 감독할 국가의 책임입니다. 그럼에도 현실에서는 너무도 쉽게 일하는 사람에게 그 책임을 돌리고 있습니다.

당사자의 눈으로 보자

줄 하나에 의지해 고층 빌딩 유리창을 닦고 있는 노동자, 수백, 수천 미터 지하에서 일하는 탄광 노동자, 하루 종일 서서 일하는 마트 계산원, 뙤약볕 아래 땀을 흘리며 건물을 짓는 노동자, 늘 사고의 위험에 노출되어 있는 배달 노동자를 떠올려 보세요. 이들 중 누가 가장 위험할까요? 아마도 실내에서 '편하게(?)' 일하는 마트 계산원을 꼽는 분들이 많지 않을 것 같습니다. 하지만 따져 보면 꼭 그렇지만도 않다는 사실을 알게 됩니다.

장시간 서서 일하는 노동자들은 하지정맥류나 근골격계 질환에 자주 걸립니다. 물론 계산원이라고 해서 모두 이런 병에 걸리는 것은 아니지만 같은 자세로 오랫동안 반복적인 일을 하는 사람들이 특히 이런 질병에 취약하다고 합니다. 근무 환경을 바꾸면 질병 예방에 도움이 될 수 있다는 것이지요.

예컨대 틈틈이 앉아서 쉴 수 있어도 좋겠다는 것이 계산원 노동자들의 한결같은 바람이었습니다. 하지만 사업주들은 소비자들 보기에 안 좋다는 이유로 이를 막습니다. 그러다가 노동조합에서 이의를 제기하고 계산원도 앉아서 일할 권리가 있다는 여론이 제기되자 결국 의자를 비치하지요. 덕분에 부족하나마 마트 계산원들의 작업 환경이 개선되었습니다.

사업주가 일방적으로 노동자들의 작업 환경을 결정하는 경우는 많습니다. 하루 종일 서서 응대하거나 건강을 위해 필요한 경우에도 미관상 좋지 않다는 이유로 마스크를 끼지 못하게 하는 경우도 있습니다. 아예 사람들 눈에 뜨이지 않게 숨어서 일하게 하기도 합니다. 대학의 청소 노동자들은 지금도 화장실이나 계단 아래에서 쭈그리고 앉아 식사를 합니다. 제대로 된 휴게 공간이 없기 때문입니다. 조리할 곳이 없기 때문에 겨울철엔 찬밥으로 끼니를 때우기 일쑤이고요. 밥 한 끼를 어떻게 먹느냐의 문제는 기본적인 인권의 문제입니다. 발 뻗고 앉아 있을 수도 밥 한 끼 편하게 먹을 수도 없는 청소 노동자의 현실은 우리 사회가 노동자의 인권에 얼마나 무관심한가를 단적으로 보여 줍니다.

씻을 공간이 없어서 오물을 뒤집어쓴 채 집으로 가야 하는 환경 미화 노동자들의 현실이 추락의 위험에 노출되어 있는 건설 노동자보다 나을 리 없습니다. 그럼에도 마트 계산일이나 청소일이 편하다고 생각하는 경향이 있습니다. 주로 고령자, 여성, 청소년들이 종사하는 직종에 그러한 편견이 많지요.

안전하고 건강한 노동 환경은 '특별히 위험한' 업종에 대해서만 필요하다는 생각은 착각입니다. 우리 주변에 무수히 많은 열악한 노동 현실을 몇 군데 대표적인 업종으로 제한하는 잘못을 저지를 수 있고요. 따라서 아까 던졌던 "누가 가장 위험한가?"라는 질문은 "누가 어떻게 위험한가?" "각자에게는 어떤 위험이 있는가?"로 바뀌어야 합니다. 그래야 사회 곳곳에 있는 위험한 노동 환경을 각각의 경우에 맞춰 개선할 수 있습니다. 관점이 바뀌어야 합니다.

> 음식물 쓰레기를 담아 두는 자루가 엄청 커요. 하나에 120킬로그램쯤 하는데, 그걸 저 혼자 날랐어요. 주방 쪽에서 이걸 꺼내 오려면 문턱을 넘어야 하는데 잘못해서 깔릴 뻔한 적도 있어요. 다들 바쁘니까 어쩔 수 없이 혼자 하는 거죠. -은성(가명, 고깃집)

은성은 엄청난 무게의 음식물 쓰레기를 옮기는 일을 하고 있었습니다. 위험하지 않으냐고 했더니, 그렇다면서 안전하게 일하려면 쓰레기 운반용 트레일러가 필요하다고 합니다. 그것도 맞는 말이긴 합니다. 그런데 돈을 들여 장비를 설치하는 것도 좋지만 음식물 쓰레기를 작게 나눠 담는 것도 하나의 방법이지 않을까요? 예컨대 30리터 정도 되는 봉투에 담을 수도 있고요. 작게 여러 번 처리하면 적어도 지금처럼 위험하지는 않을 것 같습니다. 일하는 사람에게 맞게끔 처리 방식을 바꾸는 것이지요.

간병 노동자들도 비슷한 어려움을 호소합니다. 몸이 불편한 환자들의 몸을 지탱해야 하는 경우가 많기 때문입니다. 실제로 왜소한 여성 간병인이 몸무게가 많이 나가는 환자를 보호하다가 안전사고를 당하기도 합니다. 환자들의 특성에 맞게 간병인들을 배치한다든가 환자를 쉽게 이동할 수 있는 방법을 마련하는 등 섬세한 노력이 필요한 것이지요. 일하는 당사자의 눈으로 현장을 보면 의외로 쉽게 대안을 찾을 수 있습니다.

한 걸음 더 노동 재해(산업 재해)와 4대 보험 편

Q 다쳤을 때 노동 재해(산재) 신청 안 했어요?

A 네, 안 했어요. 준비된 서류도 없고, 저희가 신고를 해도 지원받고 이득이 되는 게 없을 것 같아서요. 어차피 저도 불법으로 하는 거니까.

Q 일하다 다치면 산재 처리되는 건 알고 있었어요?

A 산재 보험이 있다는 건 알고 있었는데요. 주위에서 산재 처리한 경험을 들어 본 적이 없어요. 그게 나한테도 적용되는 건지 몰랐어요.

사회 안전망이 절대 부족한 우리나라에서 해고는 한 사람의 생존을 위협하는 일이 됩니다. 일자리를 잃으면 생활이 어렵기 때문입니다. 노동 재해도 해고와 마찬가지로 노동자들의 삶을 위협하는 심각한 문제입니다. 다쳐서 쉬거나 일을 그만둬야 한다면 당장 어떻게 살아야 할지 앞길이 캄캄해지지요. 보상을 받고 치료를 한다고 해도 이전 상태로 회복되지 못한다면 일을 계속하기는 어렵습니다.

사후 처리나 보상보다 예방이 최선인 이유입니다. 사업주는 안전한 노동 환경을 만들어서 노동 재해가 일어나지 않도록 해야 합니다. 또한 일하는 곳에서 주의해야 할 것들, 대처 방법에 대해 충분히 교육해야 합니다. 노동자들은 안전에 필요한 장비와 도구를 지급받을 권리, 위험한 상황에 놓이면 일을 멈출 수 있는 권리와 그로 인한 불이익을 받지 않을 권리 등을 보장받아야 하고요.

예방과 안전에 최선을 다해도 사고는 일어날 수 있습니다. 여기에 대비해 법과 제도를 잘 갖춰 놓아야 합니다. 충분히 치료받고 회복할 수 있도록 지원하고 노동자가 그동안 생계를 위협받지 않도록 해야 합니다. 이를 도울 수 있는 전문가 그룹도 필요하겠지요. 119 구조대나 의사, 교사 등 현장에서 노동자를 도울 수 있는 인력에 대한 교육과 지원이 따라야 합니다.

☞ 본인 부주의나 실수로 다쳐도 보상 청구 가능합니다

산재 보험은 노동자가 고의로 다치거나, 돌이킬 수 없는 중대한 실수를 하지 않는 한 사업주나 노동자의 실수 여부를 묻지 않고 보상하는 보험입니다. 일하는 청소년의 경우 자신의 잘못에 대해 책임지려는 생각을 많이 합니다. 실수라고 생각하면 부당함을 감수하려는 태도를 보입니다. 본인 부주의나 실수라 할지라도, 보험이 적용되지 않은 오토바이를 타다가 다쳤더라도 보상 청구가 가능합니다. 근로복지공단에 직접 신청하면 됩니다.

☞ 일하다 다친 경우 퇴사 이후에도 보상 청구 가능합니다

일하는 청소년이 다친 경우 자기가 알아서 치료하거나, 산재 보험이 적용 안 되는 줄 알고 포기하는 경우가 많습니다. 그러나 퇴사 후에도 산재 보상 청구가 가능합니다. 천천히 진행되어 한참 지나 발견한 질병에 대해서도 그때 했던 업무와 연관성이 있다면 신청이 가능합니다.

☞ 고용 보험, 건강 보험, 산재 보험, 국민연금을 통틀어 4대 보험이라고 합니다

4대 보험은 보험 회사에 개인적으로 가입하는 보험과 달리 가입이 강제되는, 사회 보장을 위한 공적 보험입니다. 사회 보장이란 국민이 안정적인 삶을 영위하는 데 위험이 되는 요소, 즉 빈곤이나 질병, 생활 불안 등에 대해 국가적인 부담 또는 보험 방법에 의하여 행하는 사회 안전망을 말합니다. 실업과 재취업의 어려움에 따른 빈곤의 예방을 위한 고용 보험, 개인적인 질병 및 사고로부터 보호하기 위한 건강 보험, 일하면서 발생하는 질병, 사고 및 사망과 장해로부터 보호하기 위한 산재 보험, 노령 및 장애로 인하여 소득이 없어 생활 불안이 발생하는 것으로부터 보호하기 위한 국민연금, 이렇게 네 가지를 사회 보장을 위한 4대 보험이라고 합니다.

☞ 청소년 노동자도 4대 보험의 적용을 받습니다

청소년 노동자도 원칙적으로 4대 보험의 적용을 받습니다. 18세 미만인 경우 국민연금은 적용받지 않으며, 건강 보험은 피부양자로 적용받고 있다면 이중으로 가입하지 않아도 됩니다. 고용 보험은 일하는 시간이 월평균 60시간이 넘는다면 18세 미만도 가입할 수 있습니다. 고용 보험에 가입하면 계약 기간이 끝나거나 해고를 당해 실업 상태에 놓이게 되면 '실업 급여'를 받을 수 있고, 재취업을 위해 필요한 훈련과 수당을 받을 수 있습니다. 사업주가 보험료를 납부하지 않은 경우에도 고용센터(www.work.go.kr/jobcenter)에 신청할 수 있습니다. 고용보험은 사업주가 의무적으로 가입해야 하는 보험이므로 보험료를 납부하지 않은 책임은 사업주에게 있습니다. 노동자는 그간 내지 않은 보험료를 정산하고 실업 급여를 신청할 수 있습니다. 10인 미만 사업장에서 일한 경우 월 평균 보수 230만원(2022년 기준)에 못 미친다면 국가에서 지원하는 두루누리 사회보험(http://insurancesupport.or.kr)을 통해 본인이 부담해야 할 고용보험료와 국민연금의 일부를 지원받을 수 있습니다.

실업 급여를 받기 위해서는 실업이 발생한 날 이전 18개월 동안 고용 보험료를 납부한 날이 180일 이상이 되어야 합니다. 180일은 한 사업장에서 쭉 일하면서 고용 보험료를 납부한 날을 의미하는 것이 아닙니다. 지난 18개월 동안 A사업장에서 100일, B사업장에서 80일을 일했다면 합해서 180일이 되므로 실업 급여를 신청할 자격이 있다는 의미입니다.

08 교육도 아닌, 노동도 아닌

현장 실습 제도에 대해 들어 보셨나요? 조금 낯선 사람도 있을 것 같아요. 현장 실습은 직업계 고등학교나 전문 대학교 등에서 졸업하기 전 거쳐야 하는 과정입니다. 이 과정은 자신이 전공한 분야의 실전 경험을 쌓기 위해 마련되었습니다.

현장 실습을 하는 방법은 여러 가지가 있습니다. 교내에 실습 관련 장비와 제도를 갖춰 놓고 할 수 있고, 기업체와 관련 전문 분야를 익힐 수 있는 현장을 탐방하거나 취업이 예정된 기업에 직접 가서 할 수도 있지요. 이 중 기업에 직접 나가서 하는 경우를 '파견형 현장 실습'이라고 합니다. 직업계고가 가장 선호하는 방식입니다. 실습 관련 장비를 제대로 갖춘 학교가 드물고 취업으로 연결될 수 있다는 기대감이 있기 때문입니다. 학교에 다니는 동안 이뤄지는 현장 실습은 그 형태와 관계없이 교육 과정의 일부가 됩니다. 하지만 제도의 허점 때문에 일하는 청소년들이 고통을 겪기도 합니다.

어느 실습생의 밤샘 노동

직업계 고등학교에서 자동차 디자인을 전공했던 김○○은 다른 친구들처럼 현장 실습을 나갔습니다. 맡은 일은 자동차 표면에 페인트 작업을 하는 것이었지요. 근무 환경은 좋지 않았습니다. 좁은 공간은 먼지와 페인트에서 뿜어 나오는 독한 냄새로 가득했지만 마스크 하나에 의존해야 했습니다.

김○○이 현장 실습을 했던 자동차 공장은 주간과 야간에 번갈아 노동하는 주야 2교대 제도를 운영했습니다. 김○○은 만 18세가 넘지 않아 야간 노동을 하려면 본인의 동의와 노동부의 허가가 있어야 했지만 이러한 규정은 지켜지지 않았습니다. 김○○은 공장의 다른 노동자들과 똑같이 2교대 노동을 했습니다. 회사가 법을 어긴 것입니다. 법에서 정한 만 18세 미만의 하루 노동 시간은 하루 7시간, 일주일에 35시간이지만 김○○은 일주일에 70시간을 넘겨 일하기 일쑤였습니다.

장시간 야간 노동에 시달리던 김○○은 결국 기숙사로 돌아가던 중 의식을 잃었습니다. 공장 관리자가 쓰러져 있는 김○○을 발견하고 병원 세 곳을 전전하는 동안 '골든 타임'을 놓쳐 버렸습니다. 김○○은 현재까지 의식을 회복하지 못하고 있습니다.

한편 김○○이 사경을 헤매는 동안 2012년 12월에는 선박 위에서 현장 실습을 하던 학생이 전복 사고로 숨지는 일이 발생했습니다. 김○○이 사고를 당한 지 꼭 1년 만에 발생한 일이었습니다.

그리고 또다시 1년쯤 지난 2014년 1월에는 취업이 예정된 상태에서 현장 실습 중이었던 한 학생이 스스로 세상을 등졌습니다. 세상에 알려진 이야기는 '회식 강요와 동료의 폭행을 견디지 못한 실습생의 극단적인 선택'이었습니다.

그러나 우리가 알고 있는 것은 일부입니다. 그런 선택을 하기까지 당사자는 얼마나 많은 고통을 겪어야 했을까요. 어린 나이에 접한 그 회사의 조직 문화는 어느 것 하나 만만한 게 없었을 것입니다. 직장 상사가 강요하는 회식 자리를 거부하기 어려웠겠죠. 처음 경험하는 술자리는 또 얼마나 낯설었을까요? 나이 많은 동료로부터 얼차려를 받을 때는 여러 가지 생각에 고통스러웠을 것입니다. 이 순간을 견디지 못하고 학교에 돌아간다면 패배자로 낙인찍히지는 않을지, 나 때문에 내 후배가 이 회사에 취업하지 못하게 되는 건 아닌지, 그래서 내가 다니는 학교의 취업률이 떨어져 문제가 생기지는 않을지……. 두려운 마음에 이를 악물고 견디지 않았을까요? 매일 밤 생각을 고쳐먹으며 뒤척였을 것입니다. 퀭한 눈으로 기숙사를 나와 공장으로 향하던 발걸음은 또 얼마나 무거웠을지 우리는 알 수 없습니다.

그가 스스로 목숨을 끊은지 한 달도 지나지 않아 야간 노동을 하던 현장 실습생이 폭설로 무너진 건물에 깔려 사망하는 사고가 발생합니다. 이런 현장 실습을 과연 교육 과정이라고 말할 수 있을까요?

취업률과 현장 실습의 잘못된 만남

현장 실습 제도는 1960년대부터 시작되었습니다. 산업이 급속도로 발전한 1980년대를 거쳐 1993년에는 '신경제 5개년 계획'이 진행되었습니다. 기업마다 일할 사람이 부족했고, 소위 3D 업종(힘들고difficult, 더럽고dirty, 위험dangerous해서 회피하는 일)은 사람을 구하지 못해서 어려움을 겪었습니다. 기업은 부족한 인력을 실업고(현 직업계고) 학생들로 메우고자 했습니다.

실습을 위한 교육 기자재가 부족했던 학교는 취업까지 보장하겠다는 기업의 제안을 거절하기 어려웠습니다. 2년 동안은 학교에서 수업을 듣고 나머지 1년은 취업이 예정된 기업에서 기술을 익히며 돈도 버는 '2+1 제도'가 광범위하게 도입되었습니다. 그 당시는 대학 진학보다는 취업을 많이 하던 시기였기 때문에 학생 입장에서도 좋은 제도처럼 생각되었지요.

하지만 몇몇 기업들은 실습 제도를 악용해 잇속을 채웠습니다. 학생들을 데려다가 무보수로 일을 시키고는 이런저런 이유를 들어 채용하지 않고 학교로 돌려보내는 일이 생겼습니다.

그런데 점차 실업계의 취업률이 낮아지고 사고가 잦아지면서 '2+1 제도'는 폐지됩니다. 대신 3학년 때 현장 실습을 나가서 이를 전공과목 수강으로 인정하는 식으로 바뀌었습니다. 그럼에도 실습을 미끼로 학생들의 노동력을 착취하는 일은 여전했습니다.

2002년 어떤 기업은 현장 실습을 하던 학생들을 노동조합을 탄압하는 데 동원하여 사회적 지탄을 받기도 했습니다. 실습생에 대한 성희롱과 성추행 사건도 빈번하게 일어났습니다. 전국교직원노동조합 실업교육 위원회와 참여연대, 청소년노동인권네트워크 등이 편법으로 운영되고 있던 파견형 현장 실습의 문제를 세상에 알리기 시작했습니다.

문제 해결을 위해 캠페인을 하고 국가인권위원회에 진정하기도 했습니다. 파견형 현장 실습의 문제를 바꾸기 위한 토론회를 열고 대안을 모색하기도 했습니다. 이런 노력들의 결과 2003년 5월에는 '제7차 교육 과정 적용에 따른 고등학교 현장 실습 운영 개선 방안'이 발표되기도 했습니다.

"파견형 현장 실습에 치중되어 있는 현장 실습 운영 방법을 다양하게 마련하여 운영할 것"과 "전공과 관계없는 현장 실습을 하지 말 것" "시·도교육청 차원에서 실습생을 위한 지원 체계를 마련할 것" 등이 주요 내용이었습니다. 그러나 이러한 방안은 제대로 정착되지 않았습니다.

2005년 12월 청소년노동인권네트워크에서 만든 '교육이라는 이름의 기만과 폭력-간접 고용 현장 실습 실태 보고'(보고서)를 통해 파행적인 현장 실습 운영 실태와 현장 실습생에 대한 노동인권 침해 실태가 고스란히 드러납니다. 2003년 정부가 내놓은 대책을 비웃기라도 하듯 학생들 대부분이 전공과 무관한 파견형 현장 실습에 내몰리고 있었습니다. 시·도교육청은 현장 실습생이 부당한 대우를 당해도 어떤 도움도 주지 못했습니다.

> 학교 다니면서 컴퓨터 활용 능력, 정보기기 운용사, 워드프로세서 자격증 등을 땄어요. 그래도 막상 실습을 한 곳은 스티로폼 만드는 데였어요.
>
> (K고, 나○○, 보고서에서)

박○○(ㄱ전자고)과 황○○(S고)은 일할 사람을 기업에 소개해 주는 파견 업체를 통해 현장 실습을 했습니다. 해당 업체는 싼 임금으로 학생들을 부릴 생각만 했습니다. 애초 실습의 목적인 전공을 살릴 기회는 꿈도 못 꾸는 환경이었습니다.

> 학교 직업보도실에서 실습 업체로 소개된 ㈜○○테크를 봤어요. 처음에는 제조 업체라고 생각했어요. 이름부터 그렇잖아요. ○○테크! 전공이 기계 쪽이니까 관련 있는 업체겠다 싶었어요. 나중에 그게 '용역 업체'(인력 파견 업체)라는 사실을 알게 됐어요. (ㄱ전자고, 박○○, 보고서에서)

> 용역이라는 거 안 좋아요. 자르면 실습생부터 자르고……. 한마디로 팔려 가는 거잖아요. 부려 먹기 쉽고 말 잘 들으니까. 대충대충 해 줘도 되고……. (S고, 황○○, 보고서에서)

강○○(L고)과 정○○(R고)은 현장 실습 표준 협약서에서 약속한 노동 조건이 무시되기 일쑤였다고 증언했습니다. 하루 8시간 일하기로 해 놓고 10시간 넘게 일을 시키거나 주 5일 일한다고 해 놓고 쉬는 날 없이 일을 시켰습니다. 몸이 너무 피곤해서 쉬겠다고 하면 무단 결근으로 처리해서 임금을 '까이기'도 했습니다.

> 협약서에는 야간 없고, 하루 8시간 근무라고 되어 있었는데 완전 거짓말이었어요. 잔업도 강제고……. 기숙사라고 갔더니 여관 같은 데 방 하나에 TV 한 대, 옷장 한 개 달랑 있었어요. (L고, 강○○, 보고서에서)

> 주 5일이라고 하지만 토요일, 일요일 특근이 거의 매번 잡히니까 휴일이 없는 거나 마찬가지예요. 실습 시작한 지 3개월 됐는데, 시험 때문에 학교 간 날이랑 아파서 결근한 날 빼고는 매일 출근한 거예요. 쉬는 날 쉬지를 못하니까 피곤이 쌓여서 무단 결근을 하게 되는 거예요. 그런데 아파서 월차 쓰겠다고 전화를 했더니, 하루 전에 전화 안 했다고 무단 결근이라면서 8

만 원을 깠어요. 거의 3일 치 월급을요. 월차 까이고, 주차 까이고…….

(R고, 정○○, 보고서에서)

뿌리 깊은 학벌 사회의 단면

현장 실습 중 부당한 대우를 겪다 보면 직업계고 학생 중 일부는 '아, 이래서 대학을 가야 하는구나…….' 생각하며 취업이 아닌 진학을 꿈꿉니다. 정부에서 특성화고를 만든 이유는 꼭 대학을 가지 않아도, 고등학교 졸업 후 자신의 진로를 개척하고 삶을 꾸려 갈 수 있도록 하기 위한 것이었습니다. 그런데 현실은 점점 더 대학을 향하게 하는 일이 벌어진 것입니다.

교육 목적은 간데없고, 기업은 현장 실습 나온 학생을 말 잘 듣는 값싼 인력 정도로밖에 생각하지 않는 것이 현실이기 때문입니다. 우리 사회는 여기에 너무 무감각합니다. 모든 것을 개인의 문제로 여기지요. 능력이 안되어 그렇게 사는 것이라며 사회가 함께 져야 할 책임을 나 몰라라 합니다.

〈또 하나의 약속〉(2014년)이라는 영화에는 한 대기업에서 일하다 병을 얻어 죽어간 노동자의 이야기가 나옵니다. 고등학교를 졸업하기 전부터 대기업에 취직했다고 주위의 부러움을 받으며 일한 결과였습니다. 그 노동자도 현장 실습생으로 시작했습니다. 그는 자신이 취급했던 화학 물질이 어떤 것인지도 모르고 그저 열심히 일만 했습니다. 어떤 환경에서 일하는지 알지도 못한 채, 취업률을 높이기 위해 학생을 내보내는 학교, 노동자의 건강 따위는 안중에도 없이 오직 품질만을 따지는 기업, 이런 상황을 관리 감독해야 행정 기관의 무능력 등이 빚어낸 비극입니다. 영화 속 노동자는 일하다 병을 얻어 죽었는데 책임지는 이는 없는, 우리 사회의 한 단면을 보는 것 같아 씁쓸했습니다. 이 모든 게 정말 그 일을 '선택'한 그 노동자의 탓일까요?

2005년 청소년노동인권네트워크 실태 보고 후 '전문계고(현 직업계고) 현장 실습 운영 정상화 방안'(2006년 5월)이 발표되었습니다. 핵심 내용은 현장 실습의 다양화였습니다. 이미 2003년도에 제시한 개선 방안의 반복이었습니다. 다만 산업체 파견 현장 실습은 3학년 2학기 수업 일수의 3분의 2 이상을 듣고 나서 "졸업 후 취업이 보장된 경우에 한하여 실시"하라는 내용이 새롭게 추가되었습니다. 실습생들을 실컷 부려 먹다 내쫓는 관행을 없애고자 한 것이지요. 그러나 이 방안은 2년도 채 지나지 않아 2008년 4월 학교 자율화 조치와 함께 슬그머니 폐지되었습니다.

교육부는 직업계고에 대해 취업률 상승을 최우선으로 하는 정책을 폈습니다. 지원금을 미끼로 학교 간 취업률 경쟁을 부추겼지요. 2011년 25%인 취업률을 2012년에는 37%로 올리고, 2013년에는 60%로 올리라고 했습니다. 여기에 미달하는 학교는 통폐합되거나 일반고로 바뀔 수 있다고 협박했습니다. 그러니 학교로서는 어떻게든 학생들을 내보내야 했던 것이지요. 마치 직업계고 정책의 성패가 취업률에 달린 양 학교를 압박했고, 학교는 전공과 무관한 현장 실습에 학생들을 내몰았습니다.

자동차 디자인을 전공한 학생이 유독 물질에 노출된 채 페인트칠을 하고 있어도, 컴퓨터를 전공한 학생이 스티로폼을 만들고 있어도, 회계를 전공 한 학생이 패스트푸드점에서 햄버거 만드는 일을 해도, 대학에 진학한 학생이 아르바이트를 하고 있어도 모두 취업한 것으로 계산되었습니다. 2012년 서울시교육청이 직업계고 몇 군데를 조사해 본 결과 취업을 가장 많이 한 곳은 군대(군부사관)와 '○○리아'였다고 할 정도였습니다.

파견형 현장 실습을 폐지해야 하는 이유

"주야 맞교대로 하루 10시간이 넘는 노동을 시켰다는데 이거 불법 아닌가요?" "청소년에게 야간 일을 본인 동의 없이 시키는 것은 불법 아닌가요?" "쉬는 날도 특근을 하게 했다는데 이건 괜찮은 건가요?" 전화로 들려오는 학교 선생님들의 질문을 들을 때마다 맥이 탁탁 풀렸던 기억이 아직도 선명합니다. 학생들의 현장 실습에서 어느 신문의 "주야 맞교대, 살인적인 장시간 노동에 죽어 나가는 하청 비정규 노동자"라는 기사 제목이 떠오른 것은 왜일까요? 참담한 현실이 너무 비슷해서 그랬던 것 같습니다.

앞서 현장 실습생 김○○이 쓰러진 자동차 공장은 일이 터지자 대책을 내놓습니다. 그중에는 만 18세가 되지 않은 학생의 현장 실습을 받지 않겠다는 내용이 포함되어 있었습니다. 노동 환경을 고치겠다는 내용은 그 어디에도 없었지요. 나이가 많으면 주야 교대 근무를 하면서 일주일 70여 시간의 살인적인 노동을 시켜도 괜찮다고 생각한 것일까요?

교과부는 산업체에서 현장 실습을 하는 학생들이 '노예 노동'에 내몰려 있는 것을 몰랐다면서 뒤늦은 '실태 파악'에 나섰습니다. 그간 '알바생' '현장 실습생'이라고 부르며 "일은 하지만 학생이기 때문에" 자기들 소관이 아니라고 우기던 고용노동부는 1998년 1월 3일 고시한 '현장 실습 표준 협약서'를 "검토하고 개정하겠다"고 발표했습니다. 낡은 '표준 협약서'가 문제의 근원이라고 생각하는 모양입니다.

사고가 발생하고 여론이 분분할 때마다 내놓는 대책의 내용을 살펴보면 다 거기서 거기입니다. 재탕, 삼탕에 이젠 우려먹을 수 없을 정도로 오래돼서 대책을 마련하겠다는 말조차 공허하게 들립니다. 현실은 전혀 나아지지 않고 있는데도 취업률을 높이려면 파견형 현장 실습은 꼭 필요하다는 말만 되풀이합니다.

김○○이 일하다 쓰러진 곳은 국내에서 손꼽히는 자동차 제조 공장이었습니다. 이 공장은 상반기에는 전문대학교 학생을 하반기에는 직업계고 학생을 데려다가 일을 시켜 왔습니다. 그럼에도 2005년 이후부터 사고 당시까지 단 한 명의 현장 실습생도 취업시킨 사례가 없다고 합니다. 영세한 중소업체 중에서는 아예 현장 실습생을 정규 노동력처럼 취급하고 이를 기초로 고용 계획을 세웠다고 합니다. 실습이 취업률을 높인다는 정부의 말은 전혀 사실이 아닌 셈입니다. 오히려 사람을 뽑는 대신 실습생을 부려 먹고 있는 게 현실인 거예요.

선생님들만 현장 실습이라고 하지, 저희는 그냥 취업으로 받아들여요.

–현장 실습생

내가 5년 동안 일하면서 현장 실습 나왔다가 취업한 사람 한 명 봤어요.

–동료 노동자

취업 안 된다고들 하는데 우리는 구하려면 사람이 없어요. 현장 실습생이 와도 솔직히 뭘 가르칠 수가 없어요. 학생이 뭘 할 줄 알겠어요. 그냥 심부름이에요, 심부름. 그러니 기간 못 채우고 다시 학교로 가기도 하고.

–중소업체 사장

3월이면 취업 담당 교사들은 취업 만들어 내느라 아무것도 할 수가 없어요. 3월 말까지 취업률을 보고해야 하거든요. 대학 간 졸업생한테도 연락해서 아르바이트 뭐하냐고 물어볼 때는 내가 참 뭐하나 싶기도 하고요.

–특성화고 교사

현재의 파견형 현장 실습이 제대로 된 교육 과정이 될 수 없는 구조라는 것은 교사, 사장, 실습 업체 동료 노동자, 현장 실습생이 이구동성으로 이야기하듯이 명백한 사실입니다. 그래서 교육 당국이 외치는 "교육은 교육답게, 실습은 실습답게"라는 구호는 더욱 공허합니다. 교육이 실종된 채 야만적인 착취만 남은 현재의 파견형 현장 실습 제도는 폐지해야 마땅하지 않을까요? 그러고 나서 애초의 교육 목적에 부합하는 제도를 고민하는 것이 옳다고 생각합니다. 지금처럼 매번 틀에 박힌 대책만 내세우다가는 김○○ 사례와 같은 불상사가 반복되는 것을 막지 못할 테니까요.

한 걸음 더 현장 실습 편

Q 현장 실습을 할 때 학교가 해 줬으면 했던 거 있었어요?

A 만일 부당하게 임금을 못 받거나 하면, 학교가 나서서 받을 수 있게 해 줬으면 좋겠어요. 예를 들어 산재가 생기면 학교가 항의할 수도 있는 거잖아요.

Q 그것 말고는요?

A 저희는 취업을 하거나 진학을 해야 하잖아요. 뭘 선택하든 도움이 될 정보를 미리 알려 줬으면 좋겠어요. 취업을 해도 사전에 정보가 없으니까, 가서 새로 배워야 하잖아요. 그전에 경험이 많은 분들로부터 조언 같은 것도 받았으면 좋겠고요.

파견형 현장 실습이 얼마나 잘못된 길을 가고 있는지 학생, 교사, 현장 실습생을 필요로 하는 사업주, 현장 실습생과 함께 일하는 동료 노동자, 현장 실습 업무를 담당하는 교육청의 담당자 등 모두가 알고 있습니다. 교육의 목적은 사라지고 싼값에 쓰고 보내는 저임금 노동만 남아 있다는 것을요.

당장 파견형 현장 실습을 없앨 수 없다고 말하는 무기력한 학교이지만, 현장 실습생이 기댈 수 있는 유일한 곳인 것도 현실입니다. 학교가 학생들에게 '비빌 언덕'이 되는 방법은 여러 가지 있습니다. 학생들이 원하는 것처럼 노동 현장에서 벌어질 일들을 미리 알고 거기에 대응할 수 있도록 지원하는 것도 한 방법입니다.

☞ 현장 실습생도 노동자입니다!

현장 실습생에 대해 명확히 규정하고 있는 관련 법이 없다 보니 현장 실습생은 노동자가 아니라고 생각하는 경우가 많습니다. 직업계고를 다니는 학생은 직업교육 훈련촉진법에 따라 산업체 파견 현장 실습을 할 수 있습니다. 그러나 직업교육 훈련촉진법에도 현장 실습생의 신분에 대해 명확하게 정하고 있지 않습니다.

관련법이 허술하다 보니 학교에서는 '교육'이라 부르고 산업체에서는 '노동'이라 부르면서 정작 문제가 생기면 책임지는 곳이 없습니다.

학생 신분이라고 해도 일반 노동자와 똑같이 일한다면 노동자입니다. 학교와 사업체, 직업계고 학생이 '현장실습 표준협약서'를 썼다는 이유만으로 노동자가 아니라고 판단할 수는 없습니다. 협약서의 내용이 아니라 실제로 학생들이 어떻게 일하고 있는지를 따져야 합니다. 대법원도 이를 인정하고 있습니다. "고등학교 졸업 예정자인 실습생이고 또 그 작업 기간이 잠정적이라 할지라도 바로 이러한 사유만으로 동인이 근로기준법의 적용을 받는 근로자가 아니라고 단정할 수 없고, 사업주와 실습생 사이의 채용에 관한 계약 내용, 작업의 성질과 내용, 보수의 여부 등 그 근로의 실질 관계에 의하여 근로기준법 제14조의 규정에 의한 사용 종속 관계가 있음이 인정되는 경우에는 그 실습생은 근로기준법의 적용을 받는 근로자에 해당한다"고 보고 있습니다(대법 86다카 2920, 1987.06.09.).

현장 실습, 수습, 인턴 등 이름은 달라도 실제로 사업장에서 일하고 있다면 노동자입니다. 노동자라면 불리는 이름이 달라도 근로기준법, 최저 임금법, 남녀 고용 평등법, 노동조합법 등 모든 노동관계법의 적용을 받습니다. 그리고 그 노동관계법에 정한 내용은 반드시 지켜야 할 최저선입니다.

☞ 현장 실습을 나가기 전 노동관계법을 배울 권리가 있습니다

현장 실습을 나가기 전 노동관계법과 일하는 사람의 권리, 산업체에서 일어나는 일들을 미리 배우는 것은 학생들의 권리입니다. 현장 실습을 하면서 보장받아야 할 노동 조건에 대해 미리 배운다면 실습 과정에서 이것이 제대로 반영되고 있는지 스스로 점검할 수 있습니다.

현장 실습을 나가기 전에 학생-학교-사업체가 함께 '현장실습 표준협약서'를 작성하고 한 부씩 보관해야 합니다. 근로기준법, 최저 임금법, 산업안전 보건법 및 산업재해 보상보험법 등 노동관계법을 학교에서 미리 배워야 합니다.

현장 실습을 나간 산업체에서도 일하면서 보장되어야 할 산업안전 보건기준, 내가 다루는 기계 또는 물질에 대한 정보, 업무를 하기 위해 꼭 알아야 할 것들에 대한 교육이 있어야 합니다.

☞ 현장 실습 도중 부당한 일을 겪은 경우 학교의 역할이 중요합니다

학생이 학기 중 학교라는 익숙한 공간을 벗어나 산업체로 나가는 순간 새로운 환경에 적응해야 합니다. 그 과정에서 여러 가지 부당한 일을 겪을 수 있습니다. 처음 얘기했던 것과 다르게 노동 시간이 늘어나거나, 배우는 과정에서 일어난 실수에 대해 손해 배상 책임을 요구받거나, 일을 못한다는 이유 또는 부당한 조건에 대해 항의했다는 이유로 학교로 돌려보내지는 것 등이 그렇습니다.

이런 일을 겪고 학교에 돌아오면 학생들은 사유서에 "적성이 맞지 않아서" "내가 일을 못해서"라고 적으면서 끝까지 실습을 마치지 못한 책임을 자신에게 돌리기도 합니다. 학교에서는 그 말만 믿고 정작 원인이 무엇인지 알지도 못한 채로 지나가게 되지요. 설령 문제가 있다는 것을 알아도 취업에 영향을 줄까 봐 그냥 넘어가기도 합니다. 그러면 산업체의 부당한 행위는 반복될 수밖에 없습니다.

실습 도중 돌아온 학생에게는 분명히 이유가 있습니다. 그 이유에 대해 학교가 제대로 파악해야 합니다. 이를 근거로 산업체에 공식적으로 문제 제기하고 보완책을 마련해야 합니다. 학교가 학생들에 대해 책임 있는 태도를 보인다면 실습 환경은 물론 산업체들의 인식도 많이 바뀔 것입니다.

09 내 사장은 외계인?!

> 식당에서 일을 하면요. 신호를 다 지켜도 돼요. 어차피 시급 받으니까. 그런데 저희는 배달 대행업체 콜인데요. 정가보다 2000원 적게 저희가 음식을 사는 식이에요. 손님들이 안 먹는다 할 때도 있어요. 그럼 저희 돈으로 저희가 사 먹는 꼴이 돼요.
>
> –오토바이 배달 대행 노동자, 〈시사매거진 2580〉(2014. 9. 15.)

수상한 이름의 비정규 노동자

청소년 배달 노동자가 자기 돈으로 배달 음식을 사 먹는다고 한 건 무슨 뜻일까요? 우선 배달 대행업체에 대해 알아야 합니다. 이 업체는 배달만 전문으로 하는 곳입니다. 그 대가로 돈을 받지요. 과정은 이렇습니다. 피자, 치킨, 족발 등을 파는 각종 음식점은 배달 대행업체에 매달 수수료를 지불하고 배달을 맡깁니다. 배달 대행업체 사장은 배달 노동자를 대기시켜 놓고 있다가 주문이 오면 연결해 줍니다. 배달 노동자는 음식점에 가서 음식을 받아 소비자에게 배달합니다. 이 과정에서 만약 치킨 값이 2만 원이라면 배달 노동자가 1만 8000원을 주고 치킨을 사야 합니다. 그런 다음에 소비자에게 2만 원을 받고 2000원의 차액을 가져가는 식이에요.

만약 배달 도중에 소비자가 주문을 취소하거나 어떤 이유로 음식 받기를 거부하면 그 치킨 값은 배달 노동자가 고스란히 떠안게 됩니다. 그래서 음식을 '사 먹는 꼴'이 되는 겁니다. 일을 하면 돈을 버는 게 정상인데 반대로 돈을 쓰면서 일을 하는 셈입니다. 더 빨리, 더 많이 달려야 일당이 많아지기에 다른 배달 노동자들처럼 교통신호를 무시할 때도 많습니다. 서두르다가 사고라도 나면 오토바이 수리비를 개인 돈으로 물어주어야 합니다.

인천의 한 배달 대행업체에서 일하던 청소년 노동자의 경우가 그렇습니다. 그는 임금을 받지 못하고 오히려 오토바이 수리비를 물어내야 하는 상황이 되자 노동지청에 진정을 넣었던 적이 있습니다. 해당 오토바이가 빌린 것이었고 사장이 책임을 회피한 결과 오토바이 대여점에서 그 청소년 노동자에게 수리비를 청구한 것입니다.

노동부는 이런 형태로 일하는 청소년 노동자에 대해 노동관계법상 노동자가 아니라고 판단했습니다. 주문이 오면 배달을 하고 건당 수수료를 챙기는 것은 임금을 받는 것이 아니라는 것입니다. 그렇기에 대행업체 사장은 배달 노동자를 고용한 사업주가 아니며, 음식점 사장 역시 마찬가지로 배달 노동자의 고용주가 아니라는 것입니다. 서로 일감을 주고받을 뿐이지 노동관계법에서 정한 의무를 다해야 하는 사업주는 아니라는 뜻입니다.

노동부의 이런 판단은 배달 노동자를 '개인 사업주'로 둔갑시킵니다. 아버지를 아버지라 부르지 못하는 홍길동처럼 사장을 사장이라 부르지 못합니다. 이런 식으로 사업주가 노동법을 준수하지 않아도 되는 배달 대행업체는 계속 늘어나고 있습니다. 일하다 다치고 손해 보는 일도 더 늘어나고 있고요. 점점 더 밑바닥으로 밀려나는 청소년 노동자의 대표적인 노동 현장입니다.

사회 전반적으로 일자리의 질이 낮아지고 있습니다. 단기간 노동을 하다 긴 실업 상태를 반복하는 불안정한 노동도 늘고 있고요. 그러다 보니 청소년 노동자들은 직접 고용이 이뤄지는 커피 전문점, 패스트푸드점, 서비스 판매직 일자리에서 밀려나고 있습니다.

굳이 청소년이 아니더라도 일할 사람이 많기 때문이지요. 청소년을 고용했을 때 갖가지 규제들이 있기에 꺼리는 측면도 있습니다. 부모 동의서도 받아야 하고 야간 노동을 시키려면 노동부 장관의 허가를 받아야 합니다. 청소년 노동자들을 보호하기 위한 법이 오히려 취업을 제한하는 결과가 빚어지고 있는 것입니다. 사정이 이렇다 보니 굳이 청소년 노동자를 고용할 이유가 없다고 생각하는 사업주도 많습니다. 이런 이유로 청소년은 더 열악한 일자리로 밀려나고 있습니다. 사장이 직접 고용하지 않고 소개 업체가 청소년을 모집해서 식당이나 뷔페, 연회장 등에 보내기도 합니다. 이런 형태는 '간접고용'이라고 하는데 비정규 노동의 한 형태입니다.

2014년 11월 〈카트〉라는 영화가 개봉했습니다. 이 영화는 2007년 7월 이후 한 대형 마트에서 있었던 실제 사건을 배경으로 만들어졌습니다. 왜 하필 2007년 7월일까요? 이 당시 '단시간 및 기간제 근로자 보호 등에 관한 법률'(기간제법)이라는 다소 긴 이름의 법이 만들어집니다. 더불어 1998년 만들었던 '파견 근로자 보호 등에 관한 법률'(파견법)이 개정되지요.

그중 기간제법은 계약 기간이 2년보다 짧은 노동자와, 하루 8시간보다 짧게 일하는 노동자의 권리를 보장하기 위해 만들어졌습니다. 여기엔 같은 곳에서 비슷한 일을 하는데 일하는 시간이나 기간이 짧다는 이유로 정규직 노동자와 차별하면 안 된다는 내용도 담았습니다. 임금이나 휴가, 각종 수당, 복리후생 등에서 조건을 달리할 수 없다는 뜻입니다. 또한 같은 일을 2년간 계속하면 정규직으로 고용해야 한다는 원칙도 있었습니다. 이상의 것들이 기간제법의 핵심이었습니다.

영화의 주인공은 캐셔(casher, 계산원)로 일하는 여성 노동자입니다. 계산은 마트를 운영하는 데 필수적인 일 중의 하나입니다. 마트에는 이 밖에도 창고 관리, 주차 안내, 고객 센터 상담, 물품 진열, 청소, 교환, 배달, 사무 관리, 홍보 등 다양한 일을 하는 노동자가 있습니다. 영화에 나오는 캐셔들은 고등학생 아들을 둔 기혼 여성, 혼자서 어린아이를 키우는 여성, 대학을 갓 졸업한 20대 초반의 여성 등이었습니다.

이들 중 다수는 1년씩 기간을 정해 일했습니다. 해마다 재계약하면서 몇 년을 일한 노동자도 있었습니다. 이들은 2년 이상 일하면 정규직이 될 수 있다는 희망을 품게 됩니다. 그런데 정작 법이 만들어지자 정규직 전환은 커녕 오히려 무더기로 해고당하는 사태가 발생합니다. 비정규직을 보호하려고 만든 법이 대규모 해고 사태를 불러일으키는 이상한 일이 벌어진 것입니다. 여기저기서 해고되는 노동자가 늘어났습니다. 해고된 노동자들은 다른 일터로 옮겨 다니면서 일을 해야 했지요. 그러다가 2년을 채우면 또다시 해고되는 일이 반복되었습니다. 같은 일터에서 똑같은 일을 하는데 소속 업체만 A에서 B로 바뀌는 희한한 일도 일어났습니다.

쓰다 버린다, 바꿔 쓴다

이런 일이 벌어진 이유는 사업주들이 기간제법을 악용했기 때문입니다. 비정규 노동자들을 보호하고 고용을 안정시키자는 법의 취지를 외면한 채 자신들에게 유리한 쪽으로 활용합니다.

해당 법률을 2년이 지나면 '합법적으로' 해고할 수 있다는 식으로 받아들인 것입니다. 이렇듯 법은 늘 사회적 약자에게 불리합니다. 기간제법 자체가 허술한 것도 이유입니다. 법은 사업주가 2년 이상 고용한 노동자를 정규직으로 전환해야 할 '의무'를 정하고 있습니다. 그러면서 "반드시 해야 한다"가 아니라 "의무를 다해야 한다"라는 표현을 쓰고 있습니다. 각종 편법을 제어할 처벌 규정도 없었고요. 사업주로서는 정규직 고용에 대한 부담을 줄이면서 어떤 일이든 아무나 제한 없이 기간제 노동자를 고용할 수 있기 때문에 선택지가 넓어졌습니다. 구체적으로는 다음과 같았지요.

첫째, 2년 이상 일한 기간제 노동자를 정년이 보장되는 정규직으로 전환하는 것입니다. 공기업이나 공공 기관 일부가 예외적으로 이행했지만, 대부분의 사업주는 그러지 않았습니다. 일부 이행한 공공 기관들은 '무기 계약'이라는 형태로 전환한 경우가 많습니다. 무기 계약이라는 것은 계약 기간 제한을 두지 않을 뿐 노동 조건은 2년 계약직으로 일할 때와 크게 다를 바 없었습니다. 정규직과 비정규직의 중간 같아서 '중규직'으로 불리기도 합니다.

둘째, 2년이 되면 계약을 끝내고 다른 노동자와 다시 2년 계약을 맺는 것입니다. 사람을 물건처럼 '바꿔 쓰는' 것이지요. 사업주가 이 방법을 선택하면서 2년마다 직장을 옮겨야 하는 노동자들이 늘어나기 시작했습니다. 드라마로 널리 알려진 웹툰 〈미생〉의 주인공 장그래도 그중 한 명이었습니다.

3개월, 6개월, 9개월마다 일터를 찾아 떠다니는 '유목 노동자'가 생겨나기 시작했습니다. 같은 일터에서 몇 개월씩 쪼개기 계약을 하면서 노동자들의 삶도 산산이 조각났습니다. 노동자들은 재계약에 대한 스트레스 때문에 질병이 생기기도 했습니다. 관리자는 계약 연장을 빌미로 노동자를 통제했습니다. 살아남으려면 시키는 대로 해야 했지요. 화가 나도 고분고분해야 했으니 속병이 깊어 갔습니다. 몇 개월마다 돌아오는 계약 날짜에 하루도 편하게 일하지 못하는 불안한 삶이 계속되는 노동자가 많아졌습니다.

셋째, 2년 계약 기간을 정해 일하는 노동자들이 하던 일을 뚝 떼서 다른 회사에 맡기는 것입니다. 이른바 용역을 쓰는 것이지요. 사업주가 가장 선

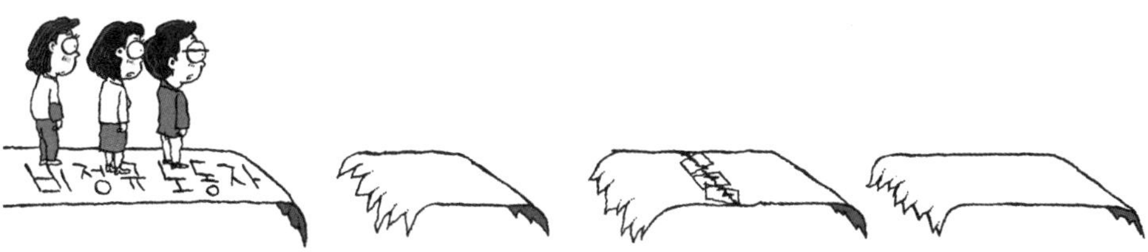

호하는 방식이었습니다. 실제로 영화 속 대형 마트도 이 방법을 채택합니다. 계산 업무, 주차 관리 업무, 청소 업무 등을 하던 노동자를 모두 해고합니다. 그리고 해당 업무를 용역 업체를 통해 '공급'받는 방식으로 바꿉니다. 이를 '외주화'라고 합니다.

해고된 노동자 대부분이 해당 사업장과 계약을 맺은 용역 업체 소속으로 신분만 바뀌는 일도 빚어집니다. 하는 일과 장소는 같은데 신분만 바뀌고 계속 비정규직으로 남게 되는 것이지요. 같은 곳에서 일하는데 소속 회사만 다른 노동자들이 생겼습니다. 사업주는 노동자를 직접 고용하지 않아도 운영하는 데 지장이 없습니다. 굳이 기간제법 때문에 2년이 지나면 정규직으로 고용해야 하는 '의무'로 고민할 일도 사라지게 되지요.

이 모든 것이 바로 2007년 기간제법이 시행되면서 생긴 상황입니다. 그런데 안타깝게도 노동자들에겐 선택권이 없습니다. 오로지 사업자들의 처분을 기다릴 뿐이지요. 애초에 법이 만들어질 때도 많은 분들이 우려했듯이, 사업주가 의무를 다하고 계약직 노동자가 정규직이 되는 경우는 극히 드물었습니다. 이제 영화의 배경이 왜 하필 그때였는지, 오늘날 우리의 노동 현장이 왜 이렇게 삭막하고 암울해졌는지 그 이유를 조금은 아시겠지요?

개인 사업자로 '위장'한다

첫 단추를 잘못 끼우면서 시작된 기간제법은 비정규 노동자를 양산하는 법으로 전락했습니다. 정규직은 비정규직으로 바뀌고, 직접 고용이 관행이던 일터는 간접 고용 노동자로 채워지기 시작했습니다. 사업주는 비용 절감을 위해, 혹은 법의 규제를 피하기 위해 간접 고용을 선호합니다. 노동자가 맘에 안 들 땐 언제든 바꿀 수 있습니다. 용역 업체에 전화 한 통화만 걸면 끝이지요. 고용에 대한 부담이 확 줄어드는 것입니다. 돈을 조금 들여서 용역 업체와 계약하면 알아서 다 해 줍니다. 비용은 좀 들지만 골치 아픈 일 안 해도 된다고 생각하는 것입니다. 이조차 싫다면 '특수 고용 노동자'에게 일을 맡깁니다. 예컨대 배송 업무는 택배 노동자, 퀵서비스 노동자에게 떼어 주고 고객 상담 전화는 통째로 전문 상담원들에게 맡기는 식입니다.

'특수 고용 노동자'란 우리가 보통 프리랜서, 혹은 개인 사업자라고 부르는 사람을 말합니다. 보험 설계사, 학습지 교사, 택배 배달 기사, 대리운전 기사, 골프장 경기 보조 등 그 예는 많습니다. 이런 사람들은 설령 실질적으로 사업장에서 일하는 노동자라 할지라도 법이 보장한 권리를 누릴 수 없습니다. 이들은 자발적으로 '특수 고용 노동자'가 되었다기보다는 평소 노동자로 일하다가 사업주 때문에 그렇게 된 경우가 많습니다. 법적으로도 구분이 애매해서 분쟁의 소지가 많은 것이 사실입니다.

> 제가 콜센터에 고용돼서 일하고 있는 상황이었거든요. 근데 근로계약서를 받아 보니까 노동자가 아니고 개인 사업자라고 적혀 있더라고요. 그래서 노동법 적용을 안 받아요. 퇴직금도 없다고 하더라고요. 사업자등록번호도 안 알려 주면서 자영업자래요. 어이없죠.
>
> -『십 대 밑바닥 노동』, 105~106쪽, 교육공동체 벗 펴냄.

건진(가명)이는 콜센터에서 사람을 뽑는 광고를 보고 일하러 갔고, 매일매일 출퇴근 시간이 정해져 있었습니다. 콜센터 사장이 하라는 대로 일을 했고, 기본급도 정해져 있었습니다. 여느 노동자와 마찬가지로 일하는데 신분은 '개인 사업자'였습니다. 개인 사업자는 노동관계법의 적용을 받는 노동자가 아니라, 반대로 의무를 다해야 하는 '사업주'입니다. 일하는 과정과 내용을 보면 노동자가 분명히 맞는데 법적으로는 자영업자로 '위장'되어 있는 것이지요.

간접 고용, 특수 고용 노동자는 사업주와 어떤 관계에서 일하느냐에 따라 나뉩니다. 예를 들어 인터넷 설치 기사 모두가 똑같지는 않다는 말입니다. A통신사에서 인터넷 설치 기사 B를 직접 고용한 경우 B는 A통신사의 정규직 노동자입니다. 그런데 해당 통신사가 인터넷 설치 전문 업체 C와 계약을 맺고 이 업체 소속 노동자 D에게 일을 맡겼다면 간접 고용에 해당합니다. 노동자 D는 A통신사의 간접 고용 노동자가 되는 것이지요.

특수 고용 노동자의 예는 다음과 같습니다. 인터넷 설치 전문 업체 C는 소속 노동자를 모두 개인 사업자로 등록시킵니다. 그러고 나서 A통신사는 물론 다른 통신사들로부터 일감을 받아요. 소속 노동자들은 일을 처리한 횟수만큼 수수료를 받습니다. 이럴 경우 C업체의 노동자들은 특수 고용 노동자가 됩니다.

같은 일을 해도 이렇게 다양한 신분으로 '위장'할 수 있는 것입니다. 정년이 보장된 정규직이냐 그렇지 않은 비정규직이냐, 사업주에게 직접 고용되었느냐 간접 고용되었느냐, 사업주의 신분을 가진 특수 고용 형태이냐 아니냐 등은 일 자체와는 상관이 없습니다.

좀 복잡하지요? 이렇게 복잡하다 보니 정작 일하는 노동자도 자신이 어떻게 고용되어 있는지 헷갈릴 지경입니다. 이들의 근무 환경 또한 직접 고용 노동자보다 훨씬 열악합니다. 노동자의 입장에서 보면 A통신사에서 일감을 얼마나 주고, 처리 비용을 얼마로 책정하느냐에 따라 노동 조건이 달라집니다. 업체 간 경쟁이 심할수록 비용이 낮아질 수밖에 없습니다. 간접 고용 노동자와 특수 고용 노동자의 임금 수준이 낮아지고 불안정한 고용이 계속될 수밖에 없는 이유입니다.

수리에 필요한 부품을 개인이 직접 사야 하고, 고객의 집을 방문할 때 자동차로 이동하면서 드는 주유비도 자기가 부담합니다. 일하고 받은 수수료에서 이런 비용을 빼고 나면 실제로 남는 돈은 쥐꼬리일 수밖에 없습니다. 고객들은 이러한 사정을 잘 알지 못합니다. 보통은 A통신사에 직접 고용된 노동자로 생각하기 쉽지요. 통신사 로고가 찍힌 작업복을 입고 일을 하니까요. 노동자 본인도 해당 통신사의 이미지가 나빠지지 않게 열심히 일합니다. 그럼에도 A통신사 정규직 임금의 절반도 안 되고, 각종 복리 후생은 꿈도 못 꾼다는 것을 고객들은 알 리 없습니다.

> 호텔 아르바이트라서 매일매일 계약서를 새로 쓰는데 소장이 아르바이트 노동자들에게 일하게 해 준다는 듯한 태도를 취한다. 초과 노동을 시키고 임금을 받으려면 다른 명의로 된 통장을 한 개 더 가져오라고 한다. 이때도 자신들이 우리를 위해 '일을 하게 해 준 것'이라고 말한다.
>
> -알바노조 조합원, 〈월간 만원〉 2015년 2월호.

자신이 어떤 고용 형태로 일하는지 모르는 노동자가 많습니다. 자신의 일상을 유지하고 삶을 가꾸기 위해 일하다가 사업주 혹은 일감을 주는 사람들의 횡포와 부당한 꼼수에 당하는 경우가 많습니다. 노동자가 정당하게 일한 대가를 받는 것뿐인데 일하게 해 주는 게 어디냐는 태도로 노동자를 대합니다. 노동력과 그 대가를 주고받는 대등한 노동자-사업주 관계가 일방적으로 기울어집니다. 일을 주는 사람과 그 일을 받아 하는 사람이라는 인식이 생기고, '일을 주는' 사람이 우월한 지위를 차지하는 위계 관계가 생깁니다.

상황이 이렇다 보니 간접 고용, 특수 고용 노동자들은 각종 시간 외 수당을 받으려면 다른 사람 명의의 통장을 가져오라는 말도 안 되는 요구를 그대로 따를 수밖에 없었을 것입니다. 은행 수수료를 노동자 임금에서 떼어도 말 한마디 하기 어렵습니다. 5분 만에 점심 먹고 일했는데도, 휴게 시간을 한 시간으로 잡아 여기에 해당하는 임금을 제해도 어쩔 수 없었을 것입니다. 약자인 상태에 있는 노동자 대부분이 그렇습니다.

진짜 사장, 가짜 사장

인력 소개 업소를 통한 단기·임시직 간접 고용 형태의 노동은 근로기준법상 사업주가 의무적으로 지켜야 할 것들이 무시되기 쉽습니다. 간접 고용은 노동자와 사업주가 1:1 관계가 아닙니다. 더욱이 노동자 한 명에 사업주가 여럿 있는 구조입니다. 이런 고용 구조에서 나이, 성별, 경험 등이 취약한 위치에 있는 노동자가 최소한의 권리라도 챙길라치면 '진짜 사장'이 누군지 찾기 위해 첩첩산중을 넘어야 합니다.

현대자동차에서 간접 고용되어 일하던 노동자가 '진짜 사장'을 찾는 데 10년이 걸렸습니다. 진짜 사장이 가짜 사장 뒤에 숨어 있는 현실에서 진짜 사장을 찾아내어 책임을 지우는 일은 긴 시간 싸움을 각오해야 할 일입니다. 청소년 노동자가 부당한 일을 당할 경우도 마찬가지입니다. 사업주가 누구인지 알아보다 지쳐 포기하게 될 가능성이 크다는 이야기입니다. 이런 현실에서 노동자를 보호해야 할 노동관계법은 너무도 멀고 때론 무용지물입니다. 일자리가 사라질 것이라는 불안함과 질식할 것 같은 위계 관계에 옴짝달싹하기 힘들지요. 그런 상황에서 왜 그렇게 당하고만 있느냐고 얘기하는 것은 무책임한 일입니다.

지금까지 살펴본 것처럼 기간제법은 첫 단추를 잘못 끼운 법입니다. 이를 바로 잡는 최선의 방법은 모든 단추를 끌렀다가 처음부터 다시 끼우는 것이지요. 정규직으로 고용하던 노동자를 비정규직으로 돌리고, 직접 고용하던 노동자를 간접 고용으로 돌리거나 특수 고용 노동자로 위장하는 것은 모두 다 잘못 꿴 단추들입니다. 노동자를 보호하기는커녕 중규직, 무기 계약직, 기간제, 시간제, 간접 고용, 특수 고용 등 수상한 이름의 비정규 노동자들만 만들어 낼 뿐입니다.

노동자의 1년은 몇 달 단위로 쪼개지고, 한 달은 몇 주일 단위로 쪼개지고, 일주일은 하루 단위로 쪼개지면서 회복하기 힘든 상처가 늘어가고 있습니다. 이런 현실을 바꾸는 것은 말씀드렸다시피 잘못 꿴 단추를 다 풀어 버리는 것입니다. '진짜 사장'이 책임을 다할 수 있도록 하는 것이 모든 노동관계법과 제도, 정책의 원칙이 되어야 합니다.

한 걸음 더 비정규 노동 편

Q 사장이 누군지 알고 있어요?

A 아니요. 온라인으로 신청하고 일하러 가서 처음 업체 사람을 봤는데 자기가 실장이라고 했어요. 실장이랑 역에서 만나 이동하고, 어떤 뷔페에 가서 일했는데 거기서도 사장은 못 봤어요.

Q 퇴직금 달라는 얘기는 왜 안 했어요?

A 제가 주말에만 일했거든요. 시간제 알바도 퇴직금을 달라고 할 수 있어요?

노동관계법상 비정규 노동자는 크게 단시간 노동자, 기간제 노동자, 파견 노동자로 구분됩니다. 현실에서는 더 다양한 이름으로 불리지요. 정규직이 아니라면 노동자 자신도 잘 모를 때가 많습니다. 특히 간접 고용인 경우 사장 얼굴도 모르고 퇴사하는 경우도 있습니다. '일을 시키는 사람이 사장'이라는 단순한 공식이 깨져 버린 지 오랩니다. 진짜 사장 밑에 소사장 등으로 불리는 가짜 사장이 여럿 있는데 사실은 이들도 비정규직 노동자일 수 있습니다.

복잡한 호칭은 자기 정체성에 대해 명확한 인식을 어렵게 만듭니다. 스스로 노동자가 아니라고 생각하는 경우도 생기고, 당연히 누려야 할 노동자의 권리를 보장받지 못하기도 합니다. 그럼에도 최대한 노력은 해야겠지요. 어렵더라도 일하기 전에 적어도 일을 소개하거나 감독하는 책임자의 이름과 연락처는 알아 두는 것이 좋습니다.

☞ '알바', 시간제, 인턴, 단시간 노동자, 기간제, 계약직, 파견, 용역, 호출 노동자 등은 비정규 노동자의 다른 이름입니다

정규직 노동자는 보통 정년이 보장되어 있습니다. 입사할 때 따로 계약 기간을 정하지 않아요. 여기에 해당하지 않으면 비정규 노동자입니다. 이 중 법에 정한 하루 노동 시간이나 주 40시간보다 적게 일하는 경우 시간제 또는 단시간 노동자라고 합니다. 우리가 '알바'라고 부르는 바로 그런 형태의 노동이지요. 그런데 종종 주 40시간을 넘게 일하는데도 알바라고 할 때가 있습니다. '알바'라고 부르는 명확한 기준이 없고 왠지 정식으로 하는 일이 아니라는 뉘앙스가 있습니다. 그래서 주휴 수당이나 퇴직금 등 일정한 요건을 갖추면 당연히 적용받는 법적 권리가 '알바'에게는 해당이 안 된다는 잘못된 인식을 줍니다. 어떨 땐 아예 노동자가 아니라고 생각하여 노동관계법에서 보장하는 모든 권리에서 제외되는 것처럼 여기기도 합니다.

이름은 달라도 모두 노동자입니다. 노동관계법은 모든 노동자에게 적용됩니다. 다만, 일부 요건에 따라 달리 적용되는 경우가 있을 뿐입니다. 그리고 모든 노동관계법은 최저선을 정하고 있기 때문에 그 이상의 권리를 보장받아야 합니다. 이는 정규직 노동자는 물론 비정규직 노동자 모두에게 마찬가지로 적용되는 원칙입니다.

☞ 비정규 노동자는 일하는 시간과 형태가 다를 뿐, 이를 이유로 차별할 수 없습니다

노동관계법을 관통하는 원칙은 '비차별'입니다. 정규직과 비정규직 등 고용 형태는 물론, 여성 혹은 나이가 어리거나 많다는 이유 등으로 차별하는 것을 금지하고 있습니다.

하지만 현실에선 '차별'을 당연시하죠. 노동자 자신들조차 그렇습니다. 정규

직보다 임금이 적어도, 명절 때 선물이 달라도, 밥값을 따로 책정해도, 교육 훈련 기회를 주지 않아도, 경력을 인정하지 않거나 승진 기회를 주지 않아도 이를 당연한 것으로 여깁니다.

어떤 합리적인 기준이나 절차를 갖추지 않고 기회를 박탈했다면 이는 명백한 차별에 해당합니다. 한 사업장에서 비슷한 일을 하는데 단지 고용 형태가 단시간, 기간제라는 이유로 차별을 당했다면 노동위원회에 차별 시정 신청을 할 수 있습니다. 현실적으로 차별을 입증하는 어려움이 있어 제도의 한계가 있기는 하지만, 단지 비정규직이라는 이유로 차별받은 것이 확인되면 고용주는 이를 시정해야 하고 거부하면 법적 처벌을 받게 됩니다. 포기하지 않고 계속 문제를 제기해야 합니다. 이러한 노력들이 나와 비슷한 처지에 있는 비정규 노동자의 노동 조건에 영향을 미칠 수 있습니다.

눈에 보이는 직접적인 차별뿐 아니라 직장 내의 괴롭힘이나 소외 같은 행위도 차별에 해당합니다. 회식 참여에 은근히 눈치 준다거나, 청소나 뒷정리 등 서로 하기 싫어하는 일을 비정규직에게만 시킨다거나 하는 일이 그렇습니다. 이러한 차별들은 노동자에게 깊은 상처를 줍니다.

고용 형태가 다양해지면서 회사가 마치 작은 신분제 사회처럼 되어 버렸습니다. 직장 생활을 하면서 나도 모르게 다른 사람을 차별하게 되는 이유입니다. 고용 형태가 다를 뿐 차별받지 않으며 일해야 한다는 원칙엔 모두 동의하는 것 같지만, 나부터 실천하는 일은 쉽지 않은가 봅니다. 누군가의 노동은 하찮고 누군가의 노동은 대접받아야 한다는 식의 왜곡된 인식이 없는지 성찰했으면 합니다.

☞ 법적 대응을 하려는데 사장이 누군지 모른다면 나에게 일을 시킨 사람을 상대로 시작하면 됩니다

모집 광고를 낸 사업체와 일하는 곳이 다른 경우가 있습니다. 예를 들어 A라는 곳에서 사람을 모집하는데 일하는 곳은 연회장, 돌잔치 전문 뷔페, 호텔 등 다양한 장소인 경우입니다. 그러면 사장이 누구인지 모르고 일을 마치게 될 때가 많습니다. 일하는데 굳이 사장 이름을 알 필요가 있느냐 하고 생각할 수도 있습니다. 문제는 부당한 일을 당했을 때입니다. 내가 법적으로 권리를 주장하려면 그 권리를 보장해야 할 주체 즉, 사업주를 알아야 하기 때문입니다. 누가 사장인지 도무지 알 수가 없다고 해서 절망할 필요는 없습니다. 정 모르겠다 싶으면 일자리를 소개한 중개 업체에 문제를 제기하면 됩니다. 법적 대응도 마찬가지입니다. 중개 업체의 관리자를 상대로 대응하면 책임질 사람이 나타나게 되어 있습니다. 일을 시작할 때 보고 갔던 구인 광고를 사진으로 남겨 놓거나 일을 소개해 준 사람과 현장에서 일을 시킨 사람의 이름 정도는 알아 두는 것도 도움이 됩니다.

10 뭉쳐서 목소리를 내는 데 나이가 중요해?

일하는 사람이라면 누구나 노동조합을 만들거나 가입할 수 있습니다. 아나운서, 연기자, 축구선수, 야구선수도 예외가 아닙니다. 하지만 우리나라에서는 노동조합에 대해 잘 알려 주지 않습니다. 일하는 사람이라면 반드시 알아야 할 사항인데도 말이지요. 여러분은 노동조합에 대해 얼마나 알고 계신가요? 잘 모르겠다고요? 당연합니다. 어디에서도 가르쳐 주지 않으니까요. 그럼 지금부터 노동조합에 대해 함께 알아보도록 하겠습니다.

노동자의 기본권, 노동3권

> 모든 사람은 자신의 이익을 보호하기 위해 노동조합을 결성하고 가입할 권리를 가진다. -세계 인권 선언 제23조 4.

인류 역사상 처음으로 인권이 무엇인가를 적은 '세계 인권 선언'입니다. 이 문서는 "모든 사람은 태어날 때부터 자유롭고 존엄성과 권리에서 평등하다"로 시작하여 "이 선언의 어떤 조항도 특정 국가, 집단 또는 개인이 이 선언에 규정된 권리와 자유를 파괴할 목적의 활동에 종사하거나, 또는 그와 같은 행위를 행할 어떤 권리를 갖는 것으로 해석될 수 없다"로 끝나는 총 30개의 선언으로 구성되어 있습니다.

인간의 존엄성을 지키기 위해 빠질 수 없는 경제적·사회적·문화적 권리에 대해서는 제22조부터 제27조에서 정하고 있습니다. 그중 제23조와 제24조에 자유롭게 노동조합을 만들고 가입할 수 있는 권리를 포함하는 노동인권 내용이 있습니다.

우리나라는 헌법에서 노동자의 노동3권인 단결권과 단체 교섭권 및 단체 행동권에 대해 정하고 있습니다.

> 근로자는 근로 조건의 향상을 위하여 자주적인 단결권·단체 교섭권 및 단체 행동권을 가진다. -헌법 제33조 제1항.

> 이 법은 헌법에 의한 근로자의 단결권·단체 교섭권 및 단체 행동권을 보장하여 근로 조건의 유지·개선과 근로자의 경제적·사회적 지위의 향상을 도모하고, 노동관계를 공정하게 조정하여 노동 쟁의를 예방·해결함으로써 산업 평화의 유지와 국민 경제의 발전에 이바지함을 목적으로 한다.
>
> -노동조합 및 노동관계 조정법 제1조.

'단결권'은 뭉칠 수 있는 권리를 말합니다. 노동자들이 혼자 힘으로 안 될 땐 둘이 모이고 둘이서 안 될 때 여럿이서 모이면 큰 힘을 발휘할 수 있습니다. 노동조합으로 뭉칠 수 있는 권리는 제일 기본이 되는 권리입니다. 한국피자헛 노동조합, 국회환경미화원 노동조합처럼 회사마다 노동조합을 만들 수 있고, 알바노조나 청소년유니온처럼 각자 회사가 다른 사람끼리 모여 만들 수 있는 노동조합도 있습니다. 앞의 경우를 기업별 노동조합이라 하고 뒤의 경우를 일반 노동조합이라 부릅니다.

또 전국보건의료산업 노동조합, 전국서비스산업 노동조합연맹처럼 비슷한 계열의 노동조합끼리 뭉쳐서 더 큰 단위의 노동조합을 만들 수도 있습니다. 이를 산업별 노동조합이라 합니다. 전국여성 노동조합처럼 여성 노동자만 모이기도 합니다. 전국민주노동조합총연맹이나 한국노동조합총연맹 같은 전국 단위로 모인 덩치 큰 노동조합도 있습니다. 어떻게 모이느냐는 노동조합을 만들어 활동하는 조합원들의 의사에 따라 결정이 됩니다.

'단체 교섭권'은 노동조합이 사업주나 한국경영자총연합회와 같은 사업주 단체들과 임금을 포함한 노동 조건을 협상하고 단체 협약을 맺을 수 있는 권리입니다. 개별 노동자가 사업주를 상대로 협상하기에는 불리한 점이 많습니다. 노동조합을 만들어 집단적인 교섭권을 행사한다면 이런 불리함을 극복할 수 있습니다. 단체 교섭 결과 체결한 단체 협약은 노동관계법보다 우선하여 노동자의 권리를 보장합니다. 즉 단체 협약이 노동관계법보다 힘이 셉니다.

'단체 행동권'은 단체 교섭을 하면서 협상력을 높이기 위한 필수적인 권리입니다. 단체 행동에는 회사 정문에서 피케팅을 하거나, 요구 사항을 담은 리본을 달고 일하는 것, 정해져 있는 업무 매뉴얼을 지켜가면서 천천히 일하는 것, 시민들을 대상으로 노동조합 요구 사항의 정당성을 설명하는 것, 하루 중 몇 시간 또는 며칠간 파업하는 것 등이 있습니다. 파업은 여러 단체 행동에도 협상이 제대로 되지 않을 때 조정과 중재라는 법적 절차를 거쳐 행사하는 권리입니다.

헌법을 근거로 만들어진 노동조합 및 노동관계 조정법은 노동3권의 내용을 더 구체적으로 정하고 있습니다. 노동조합의 규칙(규약)을 조합원 스스로 자율적으로 정하고 노동조합 설립 신고를 하는 데 필요한 절차와 단체 교섭 진행에 필요한 절차와 방법에 대해 정하고 있습니다. 단체 행동권의 내용과 사업주가 하지 말아야 할 행위인 부당 노동 행위의 종류에 대해 정하고 있습니다. 사업주가 노동조합 설립을 방해하거나 조합 활동을 이유로 불이익을 준다거나 노동조합의 교섭 요구를 이유 없이 미루거나 하는 행위들이 여기에 해당합니다. 사업주는 단체 교섭에 성실히 임하고 단체 협약을 잘 지켜야 한다는 등의 내용도 포함하고 있습니다.

파업은 무조건 불법?

우리는 살면서 세계 인권 선언과 헌법에 보장된 노동3권에 대해 별로 들어본 적이 없습니다. 파업은 무조건 불법이라고 여기는데 이것은 무지에서 비롯된 고약한 편견입니다. 사업주 일부도 이런 인식을 악용해 파업을 불법으로 몰아붙이면서 협상을 제대로 하지 않는 일이 벌어집니다. 파업으로 손해가 생겼다면서 엄청난 금액의 손해 배상액을 청구하기도 합니다. 나중에 법원에서 불법 파업이 아니라고 판단해도 회사는 손해 볼 것이 없습니다. 그 과정에서 사람들에게 파업을 불법으로 각인시킬 수 있기 때문입니다. 파업의 이유나 과정에 무관심한 사람들일수록 사업주와 언론의 말만 듣고 불법으로 규정할 가능성이 높습니다. 일부 언론은 왜 파업이 일어났는지는 제대로 안 알려 주면서 이로 인한 불편과 회사가 주장하는 손해, 나라 전체 경제에 미치는 영향에 관심을 집중합니다. 시민들에게 왜곡된 인식을 심어 주려는 것이지요.

파업이 헌법에서 보장하고 있는 노동자의 권리임에도 '과격하고 불법적인 행위'로 치부됩니다. 지난 수십 년간 이런 상황이 반복됐습니다.

언론을 통해 접하는 노동조합의 활동은 '고공 농성' '불법 파업' '시민의 불편' 등입니다. 권리를 찾고자 열심히 활동하는 조합원의 모습은 '단결 투쟁' '고용 보장'을 적은 띠를 두르고 허공에 주먹을 휘두르는 천편일률적인 모습으로 그려질 뿐입니다. 사정이 이렇다 보니 시민들은 우리나라 인구의 다수를 점하고 있는 노동자를 없는 사람 취급합니다.

예컨대 TV 프로그램 〈꽃보다 할배〉에 나오는 배우 이순재 씨를 '노동자'라고 생각하는 사람은 많지 않을 것입니다. 이분이 한국방송 연기자 노동조합 조합원이라는 사실을 아는 사람은 더더욱 적을 것이고요. 평소 특별한 관심이 없는 한 노동자, 노동조합은 남의 일일 뿐입니다. 학교에서는 물론 사회에 나와서도 제대로 교육을 받지 못한 탓입니다.

2011년 기준으로 우리나라 노동조합 조직률은 10% 언저리에 머물러 있습니다. OECD 전체의 노동조합 조직률은 평균 17.6%로 우리보다 훨씬 높습니다. 덴마크와 스웨덴의 경우는 무려 70%에 육박한다고 합니다. 노동조합 조직률이 높은 나라와 그렇지 않은 나라의 차이점은 무엇일까요? 답은 간단합니다. 노동조합 조직률이 높을수록 일하는 사람들의 권리가 잘 보장됩니다. 물론 조직률이 낮아도 권리가 잘 보장되는 나라도 있지요. 프랑스가 그렇습니다. 노동조합 조직률이 10%도 안 될 정도로 낮지만 노동자의 권리는 세계적 수준입니다. 일부 노동조합이 맺은 단체 협약을 조합원이 아닌 다른 노동자에게도 확대 적용하고 있기 때문입니다. 그 비율이 80% 정도나 된다고 하니 엄청나지요. 노동조합 가입 여부와 상관없이, 노동자라면 기본적인 권리를 보장해야 한다는 원칙이 실현되고 있는 것입니다.

사회 구성원의 생각에 따라 법에 명시된 권리가 그림의 떡이 되기도 하고 상식처럼 생활 곳곳에 스며들기도 합니다. 우리 사회는 전자에 해당합니다. 지금까지 살펴보았듯이, 법에서 보장하고 있는 권리가 최저선임에도 그보다 낮은 대우를 받으며 일하는 노동자들이 무수히 존재하고 있지요.

청소년 노동자와 노동조합의 거리 좁히기

이런 현실에서 "청소년도 노동자의 보편적인 권리인 노동3권을 보장받아야 한다"는 원칙적인 이야기는 공허하게 들립니다. 현실적으로 청소년 노동자는 사업장마다 개별적으로 흩어져 있고, 며칠 혹은 몇 개월 단위로 일터가 바뀌거나 수시로 실업 상태에 놓입니다. 사회 경제적으로 취약한 위치에 있는 청소년 노동자에게 "자유롭게 노동조합에 가입할 수 있고, 2명 이상이 새로운 노동조합을 만들 수 있다"는 법 규정은 박제된 동물처럼 생명력 없이 다가올 뿐입니다. 노동3권은 안드로메다만큼 멀리 있을 뿐입니다. 더 내려갈래야 내려갈 수 없는 노동 조건을 조금이라도 끌어올리려면 노동조합이 반드시 필요한데도 말입니다.

알바를 하면서 너무 힘들어서 일하는 다른 친구들이랑 "노조밖에 없다. 우리 꼭 청소년 노조 하자." 이랬거든요. 우리가 상상했던 게 있어요. 일하는 청소년들이 모여서 노동조합을 만들고, 우리끼리 시청 광장을 점거하고 시위하고, 한날한시에 파업하고 그럼 멋지겠다, 막 이러면서. (웃음) 청소년은 늘 하찮거나 없는 존재로 취급받고, 노동은 청소년에게 유해하다는 인식이 팽배하지만, 사실은 "청소년 노동자인 우리가 이 사회 안에 같이 살고 있고, 또 우리가 일하고 있기 때문에 세상이 이만큼 굴러가고 있다. 우리가 멈추면 너희도 멈춘다. 우리도 노동자다!"하고 외칠 수 있다면 얼마나 좋을까 싶었죠. -『십 대 밑바닥 노동』, 143쪽, 교육공동체 벗 펴냄.

이런 상상이 상상에 그치지 않고 '청소년유니온'과 '알바노조'로 이어진 것은 하나의 사건이라 할 수 있습니다.

> 청소년에게도 자신의 노동 조건을 개선하고 스스로의 행복을 만들어 나갈 사회적 권리와 힘이 있다. 청소년유니온은 청소년들이 구직자로서 차별받지 않을 권리, 노동자로서 정당하게 대우받을 권리, 시민으로서 노동인권 교육을 받을 권리가 있음을 선언한다. 청소년유니온은 청소년들의 노동인권 신장을 위한 길에 함께 할 것이다. -청소년유니온 창립 선언문 중에서.

특히 청소년유니온의 가입 조건은 만 15~24세로, 조합원의 범위에 10대 청소년을 구체적으로 포함하고 있습니다. 노동조합의 활동 내용 또한 "청소년이 구직자로서 차별받지 않을 권리" "노동자로서 정당하게 대우받을 권리" "시민으로서 노동인권 교육을 받을 권리" 등을 구체적으로 제시하고 있습니다. 교육감 선거가 있었던 2014년에는 교육감 후보로 나선 이에게 청소년의 노동인권 교육 보장과 현장 실습 문제 해결을 적극 요구하기도 하였습니다.

청소년들이 뭉친 노동조합의 활동은 개별 사업장의 노동 조건 향상에 머물지 않았습니다. 노동조합은 사회 운동 조직의 하나로서 집합적인 목소리를 낼 뿐 아니라 제한적이긴 하지만 노동자를 대변하는 정당을 지지하고, 사회 개혁을 위한 정치적 역할도 할 수 있기 때문입니다.

알바노조는 처음으로 '알바'조합원의 사업장과 단체 교섭을 하고 단체 협약을 맺기도 했습니다. 대학교에 다니던 이○○는 액세서리 판매점에서 일하다 해고를 당했습니다. 해고의 이유는 '당돌해서'였습니다. 나이 어린 사람이 권리를 주장하면 대개는 태도를 들먹이며 쟁점을 흐리고 권리 주장을 무력화하려 합니다. 이○○은 여기에 굴하지 않고 친구를 통해 알게 된 알바노조에 가입한 후 회사와 단체 교섭을 했습니다. 알바노조에 가입하고 나서야 근로기준법도 알게 됐다고 했습니다.

> 너무 힘들어서 화장실에 들어가서 좀 쉬다가 나왔는데, 매니저가 "화장실 다녀오는데 10분이나 걸리냐. 거저 돈 벌어 가려는 거냐"고 혼을 내니까 정말 답답하더라고요. 또 알바 시작 시간보다 10분 일찍 오라고 하면서, 그 시간 시급은 안 쳐 주잖아요. -알바노조 조합원 이OO, 〈월간 만원〉 2015년 2월호.

이○○은 이건 아니다 싶어 회사에 근로계약서 작성, 휴게 시간·주휴 수당 보장 등을 요구했습니다. 법에 보장된 최소한의 조건을 요구한 것입니다. 그런데 회사는 요구 사항을 들어주기는커녕 갑자기 차갑게 대하면서 평소 업무가 아닌 창고와 유리창 청소를 시키고 급기야 해고했다고 합니다. 알바노조와 함께 회사에 부당한 해고를 철회할 것을 요청하고 단체 교섭을 진행했습니다. 단체 교섭 결과 부당 해고는 철회되었고, 단체 협약에는 회사가 노동법을 준수하겠다는 내용과 운영하는 모든 매장에 휴식용 의자를 설치하겠다는 내용 등을 담았다고 합니다.

단체 협약은 그 사업장의 모든 노동자에게 적용이 됩니다. 덕분에 많은 노동자의 권리가 보장된 것이지요. 알바노조에 가입하지 않았다면, 단체 협약이 없었다면 불가능한 일이었습니다. 열악한 노동 조건에 있는 노동자들에게 노동조합을 만들어 단체 교섭에 성공한 사례는, 아직 그러지 못하고 있는 노동자들에게 힘을 줍니다. 모두가 좀 더 '당돌'해져야 하겠습니다.

노동조합은 자기 사업장의 문제를 해결하는 활동만 하지 않습니다. 청소년유니온이 요구한 노동인권 교육은 조합원뿐만 아니라 모든 청소년을 위한 활동이 됩니다. "서서 일하는 여성 노동자에게 의자를"이라는 캠페인을 펼친 노동조합 덕에 마트, 백화점, 상점 등에 의자가 놓였습니다. 이것은 단순히 편하게 일하자는 차원이 아닙니다. 기본적으로 일하는 여성 노동자에 대한 존중이 담겨 있기 때문입니다.

사업주가 노동자의 노동권을 살피면 고객도 서비스를 제공하는 노동자를 함부로 대하지 않습니다. '의자 놓기'로 시작된 서비스 산업 여성 노동자들의 노동 환경에 대한 관심은 명절에도 쉬지 않고 문을 열어 노동자들의 쉴 권리를 침해하는 문제, 감정 노동을 강요하며 몸과 마음을 병들게 하는 문제 등으로 확장되어 우리 사회가 노동자의 건강권을 살피는 계기가 되었습니다.

노동조합의 활동은 사업장을 넘어 다른 노동자의 노동 조건과 만나고, 사회 전반적인 의식 수준을 높입니다. 일터를 민주적으로 운영하면서 우리 사회의 민주주의가 조금씩 전진하는 데 기여하기 때문입니다. 청소년은 이미 노동조합을 만들거나 가입하면서 노동조합과의 거리 좁히기에 나서고 있습니다. 더 많은 청소년이 더 다양한 활동을 벌이는 만큼 사회 전체의 노동 조건이 나아지지 않을까요?

당당한 '알바'로 첫 교섭을 마친 이○○은 "아르바이트는 싼 맛에, 어린 맛에 마음대로 부려 먹는 존재가 아니라는 것을 알려주고 싶었다"고 했습니다. 청소년 노동자의 존재감을 알리는 데 노동조합만 한 게 없겠지요?

한 걸음 더 노동조합 편

Q 같이 항의할 사람이 없었어요?
A 다들 불이익이 올까 봐 나서지 않더라고요.

Q 노동조합에 대해 들어 본 적 있으세요?
A 들어 보긴 했는데 아직 잘 몰라요…….

노동자 혼자서는 사업주의 요구에 불응하거나 반박하기가 어렵습니다. 그래서 노동조합이 존재하는 것이고요. 여러 명의 노동자가 단결하여 사업주의 부당한 요구에 반박하고 정당한 권리를 요구할 수 있습니다.

간접 고용이 늘어나면서 진짜 사장을 찾기 힘듭니다. 노동자 역시 개인 사업자로 위장되거나 직업소개소를 통해 하루 단위로 고용되다 보니 정체성에 혼란을 겪는 것은 물론 법의 보호를 받기 어려워집니다. 이런 상황에서 노동관계법은 종이호랑이에 불과합니다. 노동조합은 이런 현실을 극복할 방법 중 하나입니다.

노동조합 활동은 헌법에서 보장하고 있는 기본권입니다. 일을 구하는 중이라도, 실업과 노동을 반복하는 상황이라도 가입하고 만들 수 있습니다. 노동조합을 통해 우리 사업장의 단체 협약을 이끌어 내면 노동조합이 없는 일터에도 영향을 미칠 수 있습니다. 이런 활동들은 노동조합뿐 아니라 사회의 다른 단체를 통해서도 보다 활성화되어야 합니다. 일하는 사람의 권리를 찾는 일은 그 사람이 속한 사업장뿐 아니라 사회 전체를 변화시키는 데 중요한 역할을 하기 때문입니다.

☞ 청소년 노동자도 노동조합에 가입하거나 만들 수 있습니다

일하는 청소년은 물론 일을 하려는 청소년도 노동조합을 자유롭게 만들고, 이미 설립된 노동조합에 가입할 수 있습니다. 노동3권의 주체는 사업주를 제외한 모든 노동자이며, 노동3권을 누리고 행사하는 데 있어서 나이·성별·인종·종교 등에 따른 어떠한 차별도 받지 않습니다.

'알바'를 구하고 있는 구직자, 취업 준비생 역시 노동조합에 가입하고 활동할 수 있습니다. 관련 단체로 청년유니온, 알바노조, 노년유니온(노인노동조합), 청소년들의 노동권을 지키고 확장할 목적으로 설립된 청소년유니온 등이 있습니다.

☞ 노동조합은 사업주와 중요한 노동 조건을 협의(단체 교섭)할 수 있고, 법보다 나은 노동 조건을 합의하고 문서(단체 협약)로 만들 수 있습니다

노동조합이 없는 일터에서 일하거나 노동조합에 가입하지 않는 경우 근로계약서나 취업 규칙에 노동 조건을 정합니다. 노사 관계에서 힘의 우열은 너무나도 명백합니다. 개별적으로 맺는 근로계약서가 노동자의 노동 조건을 보장하는 데 한계가 있을 수밖에 없습니다. 취업 규칙을 갖춰야 하는 10인 이상 규모의 사업장이라 해도 마찬가지입니다. 노동자의 의견을 제대로 듣지 않고 만든 취업 규칙은 대부분 노동관계법이 정한 최저선을 크게 벗어나지 않기 때문입니다.

그러나 노동조합의 힘은 생각보다 큽니다. 우선 사업주와 대등한 관계에서 협의(단체 교섭)가 가능합니다. 개인이었다면 꿈도 못 꿀 일이지요. 또한, 법보다 우선하고 법에서 정한 최저 기준보다 나은 노동 조건을 만들 수 있습니다. 사업주와 노동자가 단체 교섭을 통해 합의 한 노동 조건을 기록하고 이에 대해 잘 지키기로 약속한 문서를 단체 협약이라고 합니다.

☞ 사업주는 노동조합을 만들었다는 이유로 혹은 노동조합에 가입했다는 이유로 불이익을 줄 수 없습니다

노동조합은 누구의 간섭 없이 자유롭게 가입하고 만들 수 있습니다. 노동조합 활동을 할 때도 스스로 만든 규약에 따라 민주적으로 조직을 운영합니다.

만일 사업주가 노동조합을 만들지 못하게 방해하는 경우, 노동조합에 가입하지 않겠다는 서약을 강요하는 경우, 사업주가 특정 노동조합을 지정하여 가입할 것을 강요하는 경우, 노동조합에 가입했다는 이유로 업무 관련 불이익을 주는 경우, 노동조합의 정당한 교섭 요구에 응하지 않거나 차일피일 미루는 경우 등의 행동을 한다면 이는 법에서 금지하고 있는 부당 노동 행위에 해당합니다.

이 외에도 사업주의 부당 노동 행위에 대해 노동조합 및 노동관계법 제81조에서 자세하게 정하고 있으며 3개월 이내에 노동위원회에 구제 신청을 할 수 있습니다. 사업주의 부당 노동 행위에 대해서는 2년 이하의 징역 또는 2000만 원 이하의 벌금에 처합니다.

체크! 체크! 이것만은 알자!!

지금까지 살펴본 내용들을 12개 항목으로 추렸습니다. 일하는 청소년이라면 반드시 살펴보아야 할 것들이니 확인해서 항상 머릿속에 기억해 두면 좋겠습니다.

좋은 일자리를 알아보는 것만큼이나 자기 권리를 챙기는 것이 중요합니다. 뭔가 아리송하지만 부당한 일을 당하고 있는 것 같다면 그냥 넘어가지 말고 점검해 봅시다! 임금은 제대로 받고 있는지, 다쳤는데 보상은 어떻게 되는 건지.

일을 그만두면 끝이라고 생각하나요? 다시는 생각도 하기 싫다 해도 한 번 더 돌아봅시다! 해고될까 두려워 챙기지 못한 권리는 없는지, 3년 전 그때 일하면서 못 받은 수당은 없는지.

1. 인턴, 수습, 시간제라는 말에 속지 말자!

-인턴, 수습, 기간제, 시간제, '알바' 등 이름은 달라도 모두 노동자입니다. 부르는 이름이 다르다고 노동관계법을 다르게 적용하지 않습니다.

-사업주는 필요에 따라 교육 기간을 두거나 수습 기간을 둘 수 있습니다. 그러나 교육 기간과 수습 기간이라고 하여 무조건 최저 임금에 못 미치는 임금을 받거나 못 받는 것이 아닙니다. 이는 업무를 익히기 위해 필요한 시간이므로 꼭 최저 임금 이상의 임금을 지급받아야 합니다.

※관련 법조문: 근로기준법 제3조(근로 조건의 기준), 같은 법 제6조(균등한 처우)

2. 5인 이상 사업장인지 여부를 판단할 때 주말, 주중 함께 일하는 모든 노동자를 포함해서 계산해요!

-근로기준법은 사업장 규모에 따라 다르게 적용됩니다. 일하는 노동자가 5인 이상이라면 모든 근로기준법이 적용되지만 그 이하라면 일부 규정이 적용되지 않습니다.

-5인인지 아닌지는, 사장을 제외하고 주중, 주말에 '알바'로 일하는 사람과 정규직을 모두 포함해서 평균으로 계산합니다. 1개월 동안 영업한 날짜마다 일한 노동자 수를 더하고 영업한 날 수로 나눠 평균을 구하는 방식입니다.

사례 1: 3월 한 달 동안 쉬는 날 없이 총 31일 영업, 월~목 오전·오후 2명씩, 금~일 오전·오후 4명씩 일하는 사업장이라면(3월 1일 일요일로 시작),

18일×4명(오전·오후)+13일×8명(오전·오후)/31일≒5.8명. 따라서 5인 이상 사업장에 해당.

사례 2: 3월 한 달 동안 월요일 휴무 5일, 총 26일 영업, 화~목 3명, 금~일 6명 일하는 사업장이라면(3월 1일 일요일로 시작),

13일×3명+13일×6명/26일=4명. 따라서 5인 미만 사업장에 해당.

-최저 임금법, 고용보험법, 국민연금법, 건강보험법, 산업재해 보상보험법 등 주요 노동관계법은 사업장 규모와 상관없이 모두 적용됩니다.

-근로기준법과 산업안전보건법, 남녀 고용 평등과 일·가정 양립 지원에 관한 법률의 일부 규정은 사업장 규모에 따라 일부 제한되는 규정이 있습니다. 오른쪽 표를 참고하세요.

-하지만 일부 제한되는 규정이라도 사업주와 협의하여 모든 노동관계법을 적용할 수 있습니다. 법에서 정하고 있는 내용은 최저 기준입니다. 따라서 5인 미만 사업장이라 하더라도 사업주의 의지에 따라 혹은 근로계약서와 취업 규칙, 단체 협약에 정하는 방법으로 현행 근로기준법을 넘어서는 노동 조건을 정할 수 있습니다.

-사업장 규모가 5인 미만인 곳에서 일하는 노동자의 경우 적용되는 근로기준법 중 주요 내용은 다음과 같습니다. 일하기 전 반드시 근로

계약서를 작성하고 교부받아야 합니다. 하루 중 휴게 시간이 보장되어야 하고, 주 15시간 이상 일한다면 유급 주휴일과 퇴직금이 보장됩니다.

사업장 규모별 적용하지 않는 노동관계법 주요 내용

구분	노동 관계법	적용하지 않는 주요 내용	해당 법 조항
5인 미만	근로기준법	-해고 제한 없음 -부당 해고 당한 경우 구제신청 불가	제23조(해고 등의 제한) 제1항, 제24조(경영상 이유에 의한 해고의 제한), 제25조(우선 재고용), 제27조(해고 사유 등의 서면통지), 제28조(부당 해고 등의 구제신청)~제33조(이행 강제금)
		-근로 시간 제한 없음 -연장, 야간, 휴일 근로할 때 가산 수당 없음	제50조(근로 시간), 제53조(연장 근로의 제한), 제56조(연장·야간 및 휴일 근로), 제57조(보상 휴가제), 제58조(근로 시간 계산의 특례), 제59조(근로 시간 및 휴게 시간의 특례)
		-연차휴가 없음 -대체휴가 없음	제60조(연차 유급 휴가), 제61조(연차 유급 휴가의 사용 촉진), 제62조(유급 휴가의 대체)
		-근로자 동의 없이 야간 및 휴일 근로 가능 -여성 생리 휴가 없음	제65조(유해 위험한 사업 사용 금지) 제2항, 제70조(야간 근로와 휴일 근로의 제한 제1항, 제73조(생리 휴가)
	산업안전보건법	-산업재해 예방을 위한 안전·보건표지 부착 의무 없음 -산업재해 예방을 위해 필수적인 안전·보건 교육을 실시 의무 없음	제10조(산업 재해 발생 기록 및 보고 등), 제12조(안전·보건 표지의 부착 등), 제13조(안전·보건 관리책임자), 제19조(산업안전보건위원회), 제29조(도급 사업 시의 안전보건 조치), 제31조(안전·보건 교육)
10인 미만	근로기준법	취업 규칙 작성 및 신고 의무 없음	제93조(취업 규칙의 작성·신고)
	남녀 고용 평등과 일·가정 양립 지원에 관한법률	직장 내 성희롱 예방 교육 실시 의무 없음. 홍보물로 대체	시행령 제3조(직장 내 성희롱 예방 교육) 제4항

※출처: 안선영 외(2014), 청소년 아르바이트 실태조사 및 정책방안 연구Ⅰ, 46쪽.

※관련 법조문: 근로기준법 제11조(적용 범위), 동법 시행령 제7조(적용 범위), 동법 시행령 제7조의2(상시 사용하는 근로자 수의 산정 방법)

3. 근로계약서 작성할 때 "실수하면 임금에서 깐다"고 정할 수 없어요!

-근로계약서를 통해 일하기 전 노동 조건을 분명히 해야 합니다. 노동 조건에 대한 합의 없이 일을 시작한 경우 부당한 일을 당했을 때 곤란할 수 있습니다. 법에서는 말보다 문서의 힘이 크답니다.

-사업주는 일을 시작하기 전 만 18세 미만인 청소년 노동자를 포함해서 모든 노동자에게 근로계약서를 문서로 줘야 합니다. 이를 어기면 500만 원 이하의 과태료 처분을 받습니다.

-사업주가 근로계약서를 주지 않았을 때는 일한 날짜와 시간, 받은 임금과 지급받은 날짜, 함께 일한 사람 등에 대해서 꼼꼼하게 메모해 두면 도움이 됩니다. 근로계약서를 쓴 경우에도 마찬가지입니다. 노동 조건과 관련한 중요한 사항은 습관처럼 메모를 하세요.

-근로계약서에 '실수하면 30배 손해 배상' '지각하면 하루 벌금 3만 원' 등과 같이 손해를 예정하는 내용을 정할 수 없습니다. 강요에 의해 정했더라도 그 부분은 무효이므로, 지키지 않아도 노동자에게는 아무런 불이익이 없습니다. 책임이 있다면 법에서 금지한 내용을 계약서에 정한 사업주에게 있지요.

-현장 실습생의 경우 근로계약서를 따로 작성하지 않았다면 현장실습 표준협약서가 이를 대신합니다.

※관련 법조문: 근로기준법 제4조(근로 조건의 결정), 같은 법 17조(근로 조건의 명시), 같은

법 제67조(근로 계약), 같은 법 제15조(이 법을 위반한 근로 계약), 같은 법 제20조(위약 예정의 금지), 같은 법 제114조(벌칙)

4. 임금은 법정 최저 임금보다 높게 받아야 합니다!

-모든 임금은 최저 임금보다 많아야 합니다. 최저 임금법으로 정한 법정 최저 임금은 말 그대로 최저선이기 때문입니다. 만약에 최저 임금에 미달한다면 미달한 만큼 체불 임금이 됩니다.

-최저 임금 이상을 받는 경우에도 시간 외 노동(연장, 야간, 휴일 노동) 가산 수당을 포함해 계산한 후 내 시급과 비교해 보세요. 예를 들어 최저 임금이 시간당 1만 원이라면 밤 10시부터 다음 날 아침 6시 사이 임금은 50%가 추가된 1만 5000원 이상이어야 합니다.

-최저 임금법은 3개월 이내의 수습 기간을 정했다면 그 기간 동안 최저 임금액의 10%를 감액할 수 있다고 정하고 있습니다. 단, 근로계약 기간이 1년 미만이라면 수습 기간을 정했더라도 최저 임금을 삭감할 수 없습니다. 수습 기간을 근로계약서에 미리 정하지 않고 일방적으로 임금을 10% 삭감했다면 이 또한 임금 체불에 해당합니다.

-최저 임금에 못 미치는 임금을 받고 일한 기간에 대해서는 각 기간별 최저 임금을 기준으로 임금 체불액을 계산합니다. 각 기간별 최저 임금은 다음과 같습니다.

기간별 최저 임금

기간	시급	일급(8시간)	월급(주 40시간 기준, 유급 주휴 8시간 포함)
2019.1.1.~2019.12.31.	8,350원	66,800원	1,745,150원
2020.1.1.~2020.12.31.	8,590원	68,720원	1,795,310원
2021.1.1.~2021.12.31.	8,720원	69,760원	1,822,480원
2022.1.1.~2022.12.31.*	9,160원	73,280원	1,914,440원

*정부는 다음 해에 적용할 최저 임금을 매년 8월 5일 알리고 있으니 최저임금위원회(www.minimumwage.go.kr)에서 확인해 보세요.

※관련 법조문: 최저 임금법 제5조(최저 임금액), 같은 법 제6조(최저 임금의 효력), 같은 법 제28조(벌칙), 근로기준법 제3조(근로 조건의 기준)

5. 언제 그만둘지 모른다면서 임금을 '깔고' 줄 수 없어요!

-사업주가 임금을 지급하기로 한 날 주지 않거나 정한 임금보다 적게 주는 것, 현금이 아닌 피자, 치킨 등을 주는 것, 직접 주지 않고 보호자에게 지급하는 것 등은 임금 지급 원칙에 위반하여 임금 체불에 해당합니다.

-사업주가 임금을 지급할 때 15일 치 임금을 '깔고' 주면서 나머지는 그만둘 때 주겠다고 한다면 이 역시 임금 체불에 해당하므로 즉시 지급을 요청할 수 있습니다.

-임금을 계산할 때는 근로계약서에 정한 노동 시간을 기본으로 실제 일한 시간을 계산하여 청구합니다. 계약서에 아침 10시부터 오후 3시까지라고 정했는데 매일 아침 9시 30분까지 출근하고 오후 3시 40분에 퇴근했다면 실제로 일한 시간을 기준으로 임금을 계산해야 합니다. 일하기로 한 시간보다 더 일한 시간은 가산 수당도 함께 계산합니다.

–일하는 동안 임금을 적게 받거나 '벌금' 등으로 깎인 사실이 있지만 지금 당장 따지기가 껄끄럽다면 나중에 해도 됩니다. 일을 그만둔 후 3년 이내에 청구할 수 있어요. 만일을 대비하여 임금은 꼭 월급 통장으로 받고, 일한 시간과 못 받은 임금, 벌금으로 깎인 금액, 함께 일했던 사람 등을 꼼꼼하게 메모해 두세요. 2021년 11월부터 임금 계산 방법과 구성 항목을 적은 임금명세서 지급이 의무화되었으니 꼭 챙기시기 바랍니다.

※관련 법조문: 근로기준법 제43조(임금 지급), 같은 법 제48조(임금대장 및 임금명세서), 같은 법 제49조(임금의 시효), 같은 법 제68조(임금의 청구), 같은 법 제109조(벌칙)

6. 일주일 15시간 이상 일한다면 수당을 꼭 챙기세요!

–1주 15시간 이상 일하고, 일하기로 한 날 모두 출근했다면 주휴 수당을 받습니다. 주휴 수당은 일을 하지 않아도 임금이 나오는 유급 주휴일에 대한 수당입니다. 주 2일 일하는 경우여도 일주일에 평균 15시간 이상 일한다면 주휴 수당을 꼭 챙기세요. 모든 사업장에 적용됩니다.

–주휴일은 반드시 일요일로 정해진 것이 아니어서 노동자마다 주휴일이 다를 수 있습니다. 주휴 수당 계산은 주 40시간을 기준으로 일주일에 일한 시간에 비례해서 계산합니다.

예시) 주 20시간 일한 경우
주휴 수당=[(20시간×8시간)÷40시간] 시급
=4시간×시급

-1주 15시간 이상, 1년 이상 일했다면 퇴직금을 받습니다. 퇴직금 지급 기준은 일한 형태나 나이와 상관없이 일주일 15시간 이상, 1년 이상 요건만 충족하면 됩니다. 시간제나 월, 수, 금 격일 혹은 주말만 일했다 해도 두 가지 요건을 충족한다면 받을 수 있습니다.

-퇴직금은 1년에 평균 임금 30일분 이상을 받을 수 있습니다. 1년 일했다면 한 달 치, 2년 6개월 일했다면 두 달 반 치 임금 정도를 받습니다.

※관련 법조문: 근로기준법 제55조(휴일), 같은 법 시행령 제30조(주휴일), 같은 법 제18조(단시간 근로자의 근로 조건), 같은 법 제110조(벌칙), 같은 법 제34조(퇴직 급여 제도), 근로자퇴직급여 보장법

7. 연장 · 야간 · 휴일 노동에 대해서는 50% 이상의 가산 수당을 받아요!

-하루 8시간(18세 미만인 경우는 7시간) 이상, 한 주 40시간(18세 미만인 경우는 35시간) 이상 일을 했다면 연장 노동 시간에 대해 50% 이상의 가산 수당을 받아야 합니다.

-하루 3시간, 5시간 등 단시간 일하기로 근로계약서에 정했는데 그 이상을 일한 경우라면 정한 시간을 초과한 시간에 대해 50% 이상의 가산 수당을 받아야 합니다.

-밤 10시에서 다음 날 6시 사이에 일한 시간에 대해 50% 이상의 가산 수당을 받아야 합니다. 만일 야간 노동 시간과 연장 노동 시간이 겹쳤다면 둘 다 중복해서 계산해야 합니다.

-주휴일, 노동자의 날(매년 5월 1일), 공휴일(300인 이상 사업장 2020년 1월 1일부터, 30인 이상 사업장 2021년 1월 1일부터, 5인 이상 사업장 2022년 1월 1일부터 적용)은 유급 휴일입니다. 주휴일과 노동자의 날, 공휴일에 일했다면 일한 시간만큼 50% 이상의 가산 수당을 받아야 합니다. 이날은 원래 일하지 않고 쉬어도 임금이 나오는 유급 휴일이기 때문입니다.

※관련 법조문: 근로기준법 제55조(휴일), 같은 법 제56조(연장·야간 및 휴일 근로), 근로자의 날 제정에 관한 법률, 관공서의 휴일에 관한 규정

8. 내 실수로 다쳤다고 내 돈으로 치료하는 거 아니죠!

-산재 보험은 건강 보험, 국민연금, 고용 보험과 함께 4대 사회 보험이라고 하여 국가에서 운영합니다. 이 중 산재 보험료는 전액 사업주가 부담하며, 노동자를 1인 이상 고용하는 모든 사업주는 의무적으로 가입해야 합니다.

-사업주가 보험에 가입하지 않았거나 보험료를 내지 않았다면 사업주의 의무를 다하지 않은 것입니다. 이에 대한 책임은 사업주에게 있습니다. 사업주가 의무를 다하지 않은 기간에도 노동자는 산재 신청을 할 수 있습니다.

-일을 하던 중 또는 일과 관련하여 사고가 나거나 병에 걸렸다면 근로복지공단(www.kcomwel.or.kr)에 산업 재해 보상을 신청(요양 신청)하면 됩니다. 사업주에게 신청하는 것이 아니므로 사업주 눈치 볼 필요 없이 산재 승인을 받아 심신을 회복하는 데 집중하세요.

-노동 재해(산업 재해) 피해자의 고의에 의한 사고가 아닌 이상 노동자가 부주

의 또는 실수를 해서 다친 경우라도 산재 보험의 적용을 받습니다. 4일 이상 치료하는 경우에 해당하며 퇴사 후에도 언제라도 보험 신청이 가능합니다.

※관련 법조문: 근로기준법 제8장 재해 보상 제78조(요양보상)~제92조(시효), 산업재해 보상보험법

9. 동료 노동자와 같은 일을 하면 현장 실습생도 노동자!

-현장 실습을 하는 경우 표준 협약서를 작성하고, 취업으로 전환하면서 근로계약서를 작성합니다.

-표준 협약서를 쓰고 실습 중이라 하더라도 동료 노동자와 같은 시간에 출퇴근하고 동일한 노동 조건에서 일한다면 취업한 것과 마찬가지로 보고 모든 노동관계법의 적용을 받습니다.

-오로지 교육 목적의 현장 실습을 하는 경우에도 특례 규정에 따라 산업안전보건법과 산업 재해 보상보험법의 적용을 받습니다.

※관련 법조문: 근로기준법 제2조(정의), 같은 법 제11조(적용 범위), 같은 법 제23조(해고 등의 제한), 같은 법 제107조(벌칙), 산업안전보건법 166조의 2(현장 실습생에 대한 특례), 산업재해 보상보험법 제123조(현장 실습생에 대한 특례), 직업교육훈련 촉진법

10. 직장 내 성희롱 가볍게 넘어가지 말자!

-직장 내 성희롱은 남성뿐 아니라 여성도 행위자가 될 수 있습니다. 직장

내 성희롱은 성차별의 문제이자 직장 내 권력관계에서 생기는 문제이기 때문입니다.

-성희롱한 고객을 직접 처벌할 수는 없지만, 사업주에게는 고객에 의한 성희롱을 예방하고 사후 조치를 해야 할 의무가 있습니다.

-성희롱을 판단하는 기준은 행위자의 의도와는 상관없이 그 행위에 대해 상대방이 성적 수치심이나 굴욕감을 느꼈느냐는 것입니다.

-사업주가 성희롱 피해를 주장하거나 성희롱 피해자 혹은 성희롱 피해자를 도왔다는 이유로 노동자에게 불이익을 준다면 처벌 대상이 됩니다.

※관련 법조문: 남녀 고용 평등과 일·가정 양립 지원에 관한 법률 제12조(직장 내 성희롱의 금지), 같은 법 제13조(직장 내 성희롱 예방 교육), 같은 법 제14조(직장 내 성희롱 발생 시 조치), 같은 법 제14조의 2(고객 등에 의한 성희롱 방지), 같은 법 제39조(과태료), 근로기준법 제8조(폭행의 금지), 같은 법 제107조(벌칙)

11. 노동조합은 만들 수도 가입할 수도 있어요!

-2인 이상이면 노동조합을 만들 수 있고, 이미 만들어져 있는 노동조합에 가입할 수 있습니다.

-조합원 범위는 노동조합을 만들기 위해 모인 사람들과 함께 자유롭게 정할 수 있습니다. 조합원 범위를 포함하여 노동조합의 규칙을 정한 것을 노동조합 규약이라고 합니다.

-노동조합 규약과 조합원 명부 등을 갖춰 노동조합 설립 신고를 하면 3일 이내 신고증을 받을 수 있고, 신고증을 받은 경우 그날부터 노동조합이 생긴 것으로 봅니다.

-사업주는 노동조합을 만들었다는 이유로 혹은 노동조합에 가입했다는 이유로 노동자에게 불이익을 줄 수 없으며 이는 부당 노동 행위에 해당하여 처벌받습니다.

※관련 법조문: 노동조합 및 노동관계 조정법 제5조(노동조합의 조직·가입), 같은 법 제10조(설립의 신고), 같은 법 제11조(규약), 같은 법 제12조(신고증의 교부), 같은 법 제81조(부당 노동 행위)

12. 부당한 일을 당하면 당당하게 요구하세요!

-임금을 못 받거나 밀려서 받고 있다면 사업주에게 당당하게 요구하는 것이 첫 번째 대응 방법입니다. 처음엔 어렵지만 한 번, 두 번 대응하다 보면 힘이 생깁니다. 혼자서 안 될 땐 동료들과 힘을 모아 대처해 보세요. 동료들의 노동 조건도 나와 크게 다르지 않을 것입니다.

-혼자서는 용기가 안 나고 함께할 동료도 없다면 노동 전문 상담 기관, 청소년 상담 기관, 노동지청, 노동위원회 등을 활용해 보세요. 부당한 일의 내용에 따라 활용할 수 있는 행정 기관과 절차는 아래 내용을 참고하세요.

사안별 해당 관청 등 연락처

○임금 체불/폭언·폭행

-고용노동부에 진정(www.moel.go.kr)

-고용노동부 전국 상담 전화: 1350/청소년 대표 상담 전화: 1644-3119

○부당 해고, 부당 노동 행위, 비정규직 차별 시정

-노동위원회에 부당 해고와 부당 노동 행위 구제 및 비정규직 차별 시정 신청 (www.nlrc.go.kr)

-중앙노동위원회: 02-3273-0226

○노동 재해(산재) 보상

-근로복지공단에 요양 신청(www.kcomwel.or.kr)

-근로복지공단: 1588-0075

○실업 급여/구직 활동

-고용센터에 문의(www.work.go.kr/jobcenter)

-전국 상담 전화: 1588-1919

○성희롱/성차별

-고용노동부, 노동위원회 또는 국가인권위원회에 진정(www.humanrights.go.kr)

-국가인권위원회 인권 상담 전화: 1331

○소액 심판/손해 배상 청구/법률 문의

-대한법률구조공단(www.klac.or.kr)

-상담 전화: 132

청소년 노동자의 노동 조건 점검표

구분	내용
1. 사업장 규모(노동자 수) ※평일, 주말 정규직/비정규직 등 사업주 빼고 일하는 사람 수 모두 확인	
2. 사장 또는 관리 책임자 ※사장이나 관리 책임자 연락처 확인, 모를 경우 사업장 위치나 연락처 등 확인	□사장: (연락처:) □관리책임자: (연락처:)
3. 근로계약서/임금명세서 서면 교부 여부	□ 근로계약서 (□받음 □못 받음 □기타__________) □ 임금명세서 (□받음 □못 받음 □기타__________)
4. 시간당 임금/임금 체불 여부	□ 원 □임금 체불 여부 (□예 □아니오)
5. 일주일 중 일한 날	□월 □화 □수 □목 □금 □토 □일
6. 일한 기간	년 월 일 ~ 년 월 일
7. 일한 시간과 시간대	시간(시 분 ~ 시 분)
8. 휴게 시간 유급 주휴일 부여 여부 ※휴게: 4시간에 30분 이상, 8시간에 1시간 이상 부여 ※주휴일: 일하기로 한 날 모두 일했다면 유급 휴일 (일 안 해도 급여 지급) 부여	□휴게 시간 부여 여부 (□예 □아니오) □유급 주휴일 부여 여부 (□예 □아니오)
9. 연장, 야간, 휴일 노동/가산 수당 유무 ※연장: 하루 7시간 이상 일 한 경우, 근로계약서에 적은 시간보다 많이 일한 경우 ※야간: 밤 10시~다음 날 아침 6시 사이 일한 경우 ※휴일: 주휴일, 노동절(5월 1일, 근로자의 날), 공휴일 ※5인 이상 사업장인 경우 가산 수당 50% 이상 지급 확인 (시급 10,000원인 경우 15,000원 이상 지급)	□연장 노동 시간 □야간 노동 시간(시 분 ~ 시 분) □휴일 노동 유무 (□예 □아니오) □가산 수당 유무 (□예 □아니오)
10. 폭언·폭행·성희롱·직장 내 괴롭힘 유무 ※폭언 등 행위자 -고객/사업주/동료	□폭언 (□사업주 □동료 □고객 □기타) □폭행 (□사업주 □동료 □고객 □기타) □성희롱 (□사업주 □동료 □고객 □기타) □직장 내 괴롭힘 (□사업주 □사업주 친인척 □상사 □기타)
11. 노동 재해(산재) 유무 ※노동 재해 유형(교통사고, 화상, 찔림, 베임/두통, 근골격계-어깨, 목, 허리, 다리 등-질환), 목격자 유무, 처리 방식 등	□노동 재해 (□예 □아니오) □사고 내용( ) □질병 내용( ) □목격자: (연락처:) □처리 방식(□산재 □사업주 부담 □본인 부담 □기타)
12. 기타 고용 형태와 부당 대우 유무 ※간접고용 및 특수고용, 플랫폼 노동 등 고용 형태에 따른 표준계약서 유무와 위반 여부 ※실수에 대한 손해 배상 청구, 부당 서약 강요, 부당 해고 등 기타	

-부당한 일을 당한 친구를 돕는 또래 상담가 혹은 상담을 받는 기관에 있는 사람이라면 청소년 노동자의 노동 조건 점검표를 채워 가면서 청소년 노동자의 노동 조건을 파악해 주세요. 청소년 노동자가 부당한 일을 당하고도 놓친 것은 없는지 살피는 데 도움이 됩니다.

※관련 법조문: 근로기준법 제36조(금품 청산), 같은 법 제28조(부당 해고 등의 구제 신청), 같은 법 제76조의 2(직장 내 괴롭힘의 금지)

참고 자료

01.

'88만 원 세대'조차 될 수 없는 노동자, 청소년-아르바이트 청소년의 임금과 노동인권 실태 보고, 청소년노동인권네트워크, 2008년 6월 4일.

02.

알바노조 소식지 〈월간 만원〉 2015년 2월호.

04.

"8시간 노동은 '오래된 미래'인가" 노동절에도 일터로 내몰리는 이들, 〈윤효원의 '노동과 세계'〉, http://web2.pressian.com/article/article.asp?article_num=30110501114827&Section=02

06.

서울 공식 블로그, http://blog.seoul.go.kr/3309

08.

'교육이라는 이름의 기만과 폭력-간접 고용 현장 실습 실태 보고' 자료집, 청소년노동인권네트워크, 2005년.

'무권리 상태의 산업체 현장 실습, 대안은 무엇인가?' 토론회 자료집, 노동환경건강연구소 외, 2012년.

특성화고 현장 실습 제도개선을 위한 토론회 자료집, 정진후 의원실 외, 2013년.

파견형 현장 실습 관련 면접 자료, 청소년노동인권네트워크, 미발표, 2015년.

09.
'오늘도 배달시키셨습니까?…2500원에 목숨 건 질주,' 〈시사매거진 2580〉 2014년 9월 15일. http://imnews.imbc.com/weeklyfull/weekly01/3525937_12262.html
알바노조 소식지 〈월간 만원〉 2015년 2월호.
『십 대 밑바닥 노동』, 청소년노동인권네트워크 기획, 교육공동체 벗, 2015년.

10.
『인권을 외치다』, 류은숙 지음, 푸른숲, 2009년.
『바람직한 노사관계의 이해』, 고용노동연수원 소책자, 2015년.

체크! 체크! 이것만은 알자!!
『청소년 노동자의 권리 찾기-알수첩』, 성동근로자복지센터, 2014년.
『서비스 노동자를 위한 맞춤 노동법 Q&A』, 전국민간서비스 노동조합연맹, 2014년.
『청소년 아르바이트 실태조사 및 정책방안 연구Ⅰ』, 안선영 외, 청소년정책연구원, 2014년.